심우철 지음

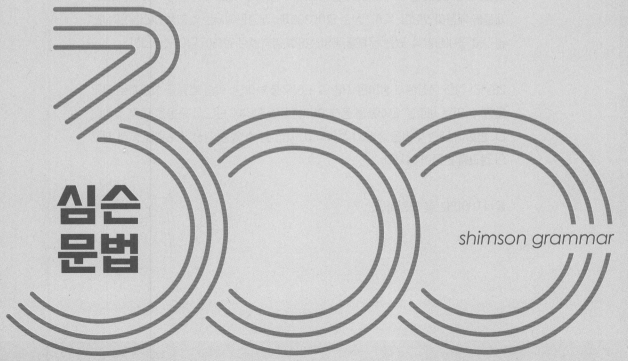

심슨
문법

300

shimson grammar

인사혁신처에서 발표한 바에 따르면, 2025년부터 공무원 9급 시험의 영어 과목이 큰 변화를 맞이하게 됩니다. 지식 암기 중심의 기존 시험 방식에서 벗어나, 현장 직무와 관련된 능력을 평가하는 방향으로 출제 기조가 바뀌면서 이제는 새로운 전략과 대비가 절실한 시점입니다.

개편된 시험의 골자는 단순 암기 학습을 지양하여 전반적인 영어 시험의 난도가 이전에 비해 쉬워지고, 이에 따라 학습 범위 또한 좀 더 줄어들었다는 것입니다. 유형 면에서는 시험이 제법 다른 모양새를 갖추고 있지만 난도나 범위 면에서는 확실히 시험이 수월해졌다고 볼 수 있습니다. 다만 독해 문항의 비중이 늘어나 이전보다 더 시간 싸움이 관건이 되었으며, 이를 위해 무엇보다도 빠르고 정확한 해석(구문) 능력을 길러야 합니다.

이제 문법, 구문, 독해 모든 영역에서 새로운 학습 전략과 체계적인 가이드가 필요합니다. 이에 2025년 출제 변화에 완벽하게 대응할 수 있도록 기존의 커리큘럼과 교재들을 개정하였으며, 특히『심슨 영어 300제』개정판에서는 수험생 여러분의 실전 감각을 극대화할 수 있는 문제들을 엄선하여 영역별로 교재에 담아냈습니다.

28년간 강의 현장에서 쌓아온 저만의 노하우를 녹여낸, 학습 효율을 최대치로 끌어올릴 수 있는 새로운 교재들을 통해 여러분들의 합격에 반드시 도움을 드릴 것입니다. 변화에 대한 두려움을 잠시 접어두고, 지금 할 수 있는 최선의 노력을 통해 최고의 결과를 만들어 봅시다.

끝까지 여러분을 응원하며,

이 책의 구성과 특징

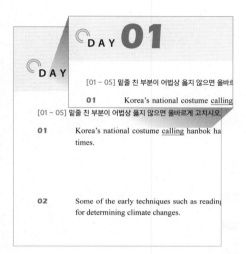

하루에 10문제씩 30 DAY 문법 완성

2025년 공무원 영어 시험은 총 20문제 중 3문제가 문법으로 출제될 예정입니다. 그중 1문제는 기존에 없던 유형으로 어법상 빈칸에 들어갈 말로 가장 적절한 것을 고르는 빈칸형 문제이며, 나머지 2문제는 기존에 출제되던 유형으로, 밑줄 친 4개의 선지 중 어법상 옳지 않은 것을 고르는 단락형 문제입니다.

이에 대비하기 위하여 『심슨 문법 300제』에서는 바뀌는 시험에서 반드시 출제될 문법 포인트를 집중적이고 효율적으로 학습할 수 있도록 1 DAY에 10문제씩, 총 30 DAY 300문제를 수록하였습니다.

각 DAY에는 간단한 문장으로 여러 문법 이론을 적용해 볼 수 있는 예열용 5문제와, 실제 시험에 나올 법한 난이도와 문법 포인트들로 구성된 단락형 3문제 및 빈칸형 2문제가 수록되어 있습니다. 빈출 출제 포인트를 기반으로 엄선된 문제 풀이를 통해 본인의 기본 실력을 점검하고 실전 감각을 늘릴 수 있습니다.

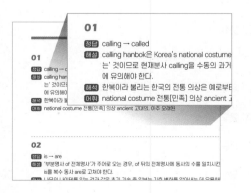

친절하고 상세한 문제 해설

출제 문제에 대한 문법 이론을 해설에서 자세하고 쉽게 설명하였으며 좌측 페이지에서 문제를 풀고 우측 페이지에서 바로 정답과 해설을 편리하게 확인할 수 있도록 페이지를 구성하였습니다. 이를 통해 출제 문제의 문법 포인트 해설을 즉시 확인하며 최대 복습 효과를 누릴 수 있습니다.

Contents
목 차

[01 – 05] 밑줄 친 부분이 어법상 옳지 않으면 올바르게 고치시오.

01 Korea's national costume <u>calling</u> hanbok has not changed in style since ancient times.

02 Some of the early techniques such as reading the growth rings of a tree <u>is</u> useful for determining climate changes.

03 Parents had better <u>being honest</u>, for even when they try to cover up their anger, their children sense how they feel.

04 If others see how angry, hurt, or hateful you become when they tell you the truth, they will avoid <u>to tell</u> it to you at all costs.

05 It is estimated that a scientific principle has a life expectancy of approximately a decade before it <u>drastically revised</u> by newer information.

01

정답 calling → called

해설 calling hanbok은 Korea's national costume을 수식하는 분사구인데, 한국 전통 의상이 hanbok을 '부르는' 것이 아니라 hanbok이라고 '불리는' 것이므로 현재분사 calling을 수동의 과거분사 called로 고쳐야 한다. 5형식 동사로 쓰인 call은 수동태로 전환되어도 뒤에 명사가 오는 것에 유의해야 한다.

해석 한복이라 불리는 한국의 전통 의상은 예로부터 양식이 변하지 않았다.

어휘 national costume 전통[민족] 의상 ancient 고대의, 아주 오래된

02

정답 is → are

해설 '부분명사 of 전체명사'가 주어로 오는 경우, of 뒤의 전체명사에 동사의 수를 일치시킨다. the early techniques가 복수 명사이므로 단수 동사 is를 복수 동사 are로 고쳐야 한다.

해석 나무의 나이테를 읽는 것과 같은 초기 기술 중 일부는 기후 변화를 알아내는 데 유용하다.

어휘 growth ring 나이테 determine 알아내다

03

정답 being honest → be honest

해설 'had better RV'는 '~하는 것이 낫다'라는 의미의 구조동사로, had better 뒤에는 원형부정사 be가 와야 한다. 참고로 2형식 동사 be의 보어로 형용사 honest가 온 것은 적절하다.

해석 부모는 솔직한 것이 나은데, 그들이 자신의 분노를 감추려고 할 때에도 그들의 아이들은 부모가 어떻게 느끼는지를 감지하기 때문이다.

어휘 cover up 숨기다 sense 감지하다, 느끼다

04

정답 to tell → telling

해설 avoid는 동명사를 목적어로 취하는 동사이므로 to tell을 telling으로 고쳐야 한다.

해석 다른 사람들이 당신에게 진실을 말할 때 당신이 얼마나 화가 나고, 상처받고, 밉살스러워지는지 알게 된다면, 그들은 무슨 수를 써서라도 당신에게 그것을 말하기를 피할 것이다.

어휘 hateful 밉살스러운 at all costs 무슨 수를 써서라도

05

정답 drastically revised → is drastically revised

해설 타동사 revise 뒤에 목적어가 없으며, 맥락상 it이 가리키는 것은 a scientific principle인데 과학적 원리가 '수정하는' 것이 아니라 '수정되는' 것이므로, 수동태인 is drastically revised로 고쳐야 한다. 참고로 부사가 수동태를 수식할 때는 보통 'be + 부사 + p.p.'의 어순을 취한다.

해석 과학적 원리는 더 새로운 정보에 의해 대폭 수정되기 전에 대략 10년의 기대 수명을 가진다고 추정된다.

어휘 principle 원리, 원칙 life expectancy 기대 수명[여명] approximately 대략 revise 수정하다

[06 – 08] 밑줄 친 부분 중 어법상 옳지 않은 것을 고르시오.

06

Experts emphasize ① <u>what</u> senility is not an inevitable result of the aging process, ② <u>like</u> graying hair, but a specific disease with a variety of causes, ③ <u>resulting in</u> failing memory, a decline in the ability ④ <u>to work</u> with numbers, and errors in judgment.

* senility: 노망

07

Athletes today are hardier ① <u>than ever</u> in history because so much is known about how to keep our bodies strong and ② <u>health</u> that every sport has taken advantage of that knowledge. Today's golfers work out regularly, whereas those in the 1980s never ③ <u>went</u> near a gym; women tennis players now have ④ <u>enough</u> strength to defeat the male players of 25 years ago.

08

The literacy perspective has provided ample evidence ① <u>that</u> children use their oral language as a foundation for developing early literacy. ② <u>Despite</u> written language is an extension of oral language, the difference between oral and written language ③ <u>exists</u> in their conventions; learners need explicit instruction in making sentences ④ <u>connect</u> to each other and organizing ideas in writing.

06

정답 ①

해설 (what → that) 관계대명사 또는 의문대명사로 쓰이는 what 뒤에는 불완전한 절이 와야 하는데 여기서는 완전한 절이 오고 있다. 따라서 what을 완전한 절을 이끌면서 동사 emphasize의 목적어 역할을 하는 명사절 접속사 that으로 고쳐야 한다. 참고로 what을 명사 senility를 수식하는 의문형용사로 보는 것은 의미상 어색해지므로 부적절하다.

② '~같은'이라는 뜻의 전치사 like 뒤에 명사구가 오고 있는 것은 적절하다. 서술적 용법의 형용사 또는 부사로 쓰이는 alike와의 구별에 유의해야 한다.

③ 분사구문의 의미상 주어인 senility가 여러 부정적 결과에 해당하는 증상들을 '초래하는' 것이므로 능동의 현재분사 resulting in은 적절하게 쓰였다. 참고로 '~을 초래하다'라는 뜻의 result in과 '~에 기인하다'라는 뜻의 result from 간 구별에 유의해야 한다.

④ to work는 앞의 명사 the ability를 수식하는 to 부정사의 형용사적 용법으로 적절하게 쓰였다.

해석 전문가들은 노망은 흰머리와 같은 노화 과정의 필연적인 결과가 아니라 다양한 원인이 있는 특정 질병으로, 기억력 감퇴, 숫자 처리 능력 저하, 판단 오류를 초래한다고 강조한다.

어휘 emphasize 강조하다 inevitable 불가피한, 필연적인 graying hair 흰머리 decline 쇠퇴

07

정답 ②

해설 (health → healthy) 등위접속사 and를 사이에 두고 5형식 동사로 쓰인 keep의 목적격 보어로 형용사 strong과 같은 품사가 병치되어야 하므로, 명사 health를 형용사 healthy로 고쳐야 한다.

① '비교급 + than ever'는 최상급 표현으로 '여느 때보다도 더'라는 의미를 가진다.

③ in the 1980s라는 과거 시점 부사구가 있으므로 과거시제 went의 쓰임은 적절하다.

④ enough가 형용사로 쓰일 때는 명사 앞과 뒤에 모두 위치할 수 있다.

해석 오늘날의 운동선수들은 역사상 어느 때보다 더 강인한데, 이는 우리의 신체를 강하고 건강하게 유지하는 방법에 관한 것이 너무나 많이 알려져 모든 스포츠에서 그 지식을 이용해 왔기 때문이다. 1980년대 골프 선수들은 체육관 근처에도 가지 않았던 반면 오늘날의 선수들은 규칙적으로 운동하고, 여자 테니스 선수들은 현재 25년 전의 남자 선수들을 이길 수 있을 정도의 충분한 힘을 갖고 있다.

어휘 athlete 운동선수 hardy 강인한 take advantage of ~을 이용하다 defeat 이기다

08

정답 ②

해설 (Despite → (Al)though) 전치사 despite 뒤에는 명사(구)가 와야 하는데 여기서는 절이 오고 있으므로, Despite를 같은 뜻을 지닌 접속사 (Al)though로 고쳐야 한다.

① 앞에 evidence라는 추상명사가 나왔고, 뒤에 완전한 문장이 왔으므로 동격을 나타내는 접속사 that이 적절하게 쓰였다.

③ 주어가 단수 명사인 the difference이므로 단수 동사 exists는 적절하게 쓰였다.

④ 사역동사 make는 목적어와 목적격 보어의 관계가 능동이면 RV를, 수동이면 p.p.를 목적격 보어로 취한다. 여기서는 문장들이 서로 '이어지는' 것이므로 능동을 나타내는 connect가 적절하게 쓰였다. 참고로 여기서 connect는 '이어지다'라는 뜻의 자동사로 쓰이고 있다.

해석 그 문해력에 관한 관점은 아동이 자신들의 구어를 초기 문해력 발달의 밑거름으로 사용한다는 충분한 증거를 제공해 왔다. 문어가 구어의 연장이기는 하지만, 구어와 문어의 차이가 그것들의 관습에 존재하는데, 학습자들에게는 문장들이 서로 이어지게 하고, 글쓰기에서 생각을 체계화하는 데 있어 분명한 교육이 필요하다.

어휘 literacy 읽고 쓰는 능력, 문해력 perspective 관점 ample 충분한 oral 입의, 구두의 extension 연장 convention 관습 explicit 분명한 instruction 교육

[09 – 10] 밑줄 친 부분에 들어갈 말로 가장 적절한 것을 고르시오.

09   A prize will be awarded to _____ successfully solves the puzzle related to critical thinking and problem-solving skills.

    ① who
    ② whom
    ③ whoever
    ④ whomever

10   If you can easily remember _____ your friend for lunch next week, it means that at least your prospective memory is in good working order.

    ① to meet
    ② meeting
    ③ to be met
    ④ being met

09

정답 ③ whoever

해설 (복합)관계대명사의 격은 관계사절 내에서 결정되는데, 여기서는 관계사절 내에 동사 solves의 주어가 없으므로 주격인 who나 whoever가 빈칸에 올 수 있다. 그런데 who는 빈칸 앞에 선행사가 없으므로 관계대명사로 쓰이는 것이 불가능하며, '누가'라는 뜻의 의문대명사로 볼 경우에도 의미상 어색해지므로 적절하지 않다. 따라서 빈칸에는 '~하는 사람이면 누구나'라는 뜻의 주격 복합관계대명사 whoever가 와야 한다.

해석 비판적 사고 및 문제 해결 능력과 관련된 퍼즐을 성공적으로 푸는 누구에게나 상이 수여될 것이다.

어휘 critical 비판적인

10

정답 ① to meet

해설 빈칸은 타동사 remember의 목적어인 준동사 자리인데, 빈칸 뒤에 your friend라는 준동사의 목적어가 오고 있으므로 능동형의 to meet와 meeting이 올 수 있다. 이때 'remember to RV'는 '~할 것을 기억하다'라는 의미이고, 'remember RVing'는 '~한 것을 기억하다'라는 의미인데, 뒤에 next week이라는 미래 시점 부사구가 있으며 맥락상 친구를 '만날' 것을 기억하는 것이므로, 빈칸에는 to meet이 와야 한다.

해석 당신이 다음 주 점심을 먹기 위해 친구를 만날 것을 쉽게 기억할 수 있다면, 그것은 적어도 당신의 미래 계획 기억이 잘 작동하고 있다는 것을 의미한다.

어휘 prospective memory 미래 계획 기억 in (good) working order 잘 돌아가는[작동하는]

[01 – 05] 밑줄 친 부분이 어법상 옳지 않으면 올바르게 고치시오.

01   When he was going home one evening, he saw an old man <u>laying</u> by the side of the road, seriously ill.

02   Products bought from unreliable sources are more likely to be <u>disappointed</u> than those purchased from reputable brands.

03   Scientists collect undocumented species of spiders <u>which</u> poison could revolutionize the way we treat pain and other conditions.

04   Because the normal mosquito diet <u>is mainly consisted of</u> nectar that lacks protein, most females must drink blood to produce eggs.

05   Experts say that friendships cannot grow unless a child can get together with friends and that circumstances may demand that his or her parent <u>become</u> a helper.

01

정답 laying → lying

해설 지각동사 see의 목적격 보어로 '눕히다'라는 뜻인 타동사 lay의 현재분사가 오고 있는데, 여기서는 뒤에 목적어가 없고 의미상으로도 노인이 '누운' 것이므로, '눕다'라는 뜻인 자동사 lie의 현재분사 lying이 쓰여야 한다.

해석 그는 어느 날 저녁 집으로 가고 있을 때 한 노인이 심하게 아픈 상태로 길가에 누워 있는 것을 보았다.

어휘 ill 아픈

02

정답 disappointed → disappointing

해설 be의 보어로 분사형 형용사가 오고 있는데, 주어인 Products가 '실망하는' 것이 아니라 '실망시키는' 것이므로, 능동의 현재분사 disappointing 이 쓰여야 한다.

해석 신뢰할 수 없는 출처에서 구입한 제품은 평판이 좋은 브랜드에서 구입한 제품보다 실망을 안겨 줄 가능성이 더 크다.

어휘 unreliable 신뢰할 수 없는 disappoint 실망시키다 reputable 평판이 좋은

03

정답 which → whose

해설 undocumented species of spiders를 선행사로 받고 있는 관계대명사 which 뒤에 완전한 절이 오고 있고, 의미상 '거미의 독'이 되는 것이 자연스러우므로, 명사 poison을 수식하여 완전한 절을 이끌 수 있는 소유격 관계대명사 whose로 고쳐야 한다.

해석 과학자들은 우리가 통증과 다른 질환들을 치료하는 방식에 대변혁을 일으킬 수 있는 독을 지닌, 기록이 없는 거미 종들을 수집한다.

어휘 undocumented 문서에 기록되지 않은 revolutionize 혁명[대변혁]을 일으키다 condition 질환

04

정답 is mainly consisted of → mainly consists of

해설 consist of는 '~로 구성되다'라는 뜻의 자동사(구)이므로 수동태로는 쓸 수 없다.

해석 모기의 일반적인 먹이는 주로 단백질이 없는 과즙으로 구성되어 있기에 대부분의 암컷은 알을 낳기 위해 피를 마셔야 한다.

어휘 nectar 과즙, 꿀 lack ~이 없다 protein 단백질

05

정답 옳은 문장

해설 demand와 같은 주장·요구·명령·제안·충고·결정의 동사가 당위의 의미를 지니는 that절을 목적어로 취할 경우 that절 내의 동사는 '(should) + RV'의 형태로 쓴다. 따라서 동사원형 become은 적절하게 쓰였다.

해석 전문가들은 아이가 친구들과 함께할 수 없다면 우정은 커질 수 없고, 부모가 조력자가 되어야 하는 상황이 요구될 수 있다고 말한다.

어휘 get together with ~와 만나다, 함께하다

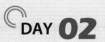

[06 – 08] 밑줄 친 부분 중 어법상 옳지 않은 것을 고르시오.

06

> Nonprofit groups have had no choice but ① <u>to take on</u> more commercial activities, as the government has withdrawn ② <u>its</u> funding and private giving has ③ <u>consistently</u> remained around 2 percent of people's income, leading them to close the gap by ④ <u>increase</u> commercial revenues.

07

> The focus should be on eliminating junk foods from your diet and ① <u>turning</u> instead to fat-burning foods. The foods we will remove first ② <u>are</u> those that have no biological necessity for humans: all processed foods and anything containing added sugar should ③ <u>cut</u>. Through the removal of these foods, we will eliminate the majority of calories ④ <u>consumed</u> by most Western people.

08

> In a study, college students rated their personalities and then, 25 years later, re-rated them as they saw their current selves and as they thought they ① <u>had been</u> during college. The original and current ratings were similar, but there ② <u>were</u> little similarity between ③ <u>how</u> people remembered their college selves and ④ <u>either</u> their original or current ratings. The study shows that people tend to overestimate personality changes.

06

정답 ④

해설 (increase → increasing) 전치사 by 뒤에는 (동)명사가 와야 하는데, 여기서는 increase 뒤에 또 명사구 commercial revenues가 오고 있으므로, 목적어를 취할 수 있는 동명사 형태인 increasing이 쓰여야 한다.

① 'have no choice but to RV'는 '~하지 않을 수 없다'라는 뜻의 구문으로 to take on은 적절하게 쓰였다.

② its는 맥락상 the government를 가리키는 소유격이므로 단수로 수일치한 것은 적절하다.

③ 부사인 consistently가 동사 has remained를 적절하게 수식하고 있다.

해석 비영리 단체들은 더 많은 상업적 활동을 맡을 수밖에 없는데, 이는 정부가 자금 지원을 철회하고 민간 기부는 꾸준히 국민 소득의 2% 수준에 머물러 있기에 상업적 수익을 늘려 그 격차를 좁히게 되었기 때문이다.

어휘 nonprofit 비영리적인 take on ~을 맡다 commercial 상업적인 withdraw 철회하다 funding 자금 제공 giving 기부 consistently 꾸준히 gap 격차 revenue 수익

07

정답 ③

해설 (cut → be cut) 맥락상 '줄이다'라는 뜻의 타동사로 쓰인 cut 뒤에 목적어가 없고, 주어인 all processed foods ~ sugar가 '줄이는' 것이 아니라 '줄어드는' 것이므로, 수동태 be cut으로 고쳐야 한다.

① turning은 등위접속사 and를 통해 eliminating과 병렬 구조를 적절하게 이루고 있다.

② 문장의 주어는 복수 명사인 The foods이므로 are의 수일치는 적절하다.

④ consumed 이하는 the majority of calories를 수식하는 분사구인데, 의미상 열량이 서양인들에 의해 '소비되는' 것이므로, 수동의 과거분사 consumed의 쓰임은 적절하다.

해석 당신의 식단에서 정크 푸드를 없애고 그 대신 지방 연소 식품에 의지하는 데 초점을 맞춰야 한다. 우리가 가장 먼저 제거할 식품은 인간에게 생물적으로 필요하지 않은 것으로, 즉 모든 가공식품과 설탕 첨가물을 함유한 모든 것을 줄여야 한다. 이러한 식품들의 제거를 통해, 우리는 대부분의 서양인들이 소비하는 열량의 대부분을 없앨 것이다.

어휘 eliminate 제거하다 fat-burning 지방을 연소하는 remove 제거하다 biological 생물(학)적인 necessity 필요 consume 소비하다

08

정답 ②

해설 (were → was) 주어는 양 형용사 little의 수식을 받는 불가산명사 similarity이므로 단수 동사 was가 쓰여야 한다.

① 뒤에 during college가 나왔고, 이는 thought의 시점보다 더 이전이므로 과거완료시제 had been의 쓰임은 적절하다.

③ 의문부사 how가 완전한 절을 이끌면서 between의 목적어 역할을 하고 있는 것은 적절하다.

④ 'either A or B'는 'A 또는 B인'이라는 뜻의 상관접속사 구문으로, 뒤의 or와 적절히 짝을 이루고 있다.

해석 한 연구에서, 대학생들이 자신의 성격을 평가하고, 25년 후, 그들이 현재의 자신을 보는 방식과 대학 시절의 자신을 생각하는 방식대로 다시 평가했다. 처음의 평가와 현재의 평가는 비슷했지만, 사람들이 대학 시절의 자신을 기억하는 방식과 처음 또는 현재의 평가 사이에는 유사점이 거의 없었다. 이 연구는 사람들이 성격의 변화를 과대평가하는 경향이 있음을 보여 준다.

어휘 rate 평가하다 personality 성격 self 자아, 자신(pl. selves) similarity 유사성 overestimate 과대평가하다

[09 – 10] 밑줄 친 부분에 들어갈 말로 가장 적절한 것을 고르시오.

09 In the past, inexperienced young adults, when _____ with crucial life decisions, relied heavily on the judgment of their parents.

① face
② faced
③ facing
④ are faced

10 The creative writer wrote numerous novels over the course of her career, some of _____ received enthusiastic responses from readers after being published.

① they
② them
③ which
④ whom

09

정답 ② faced

해설 when ~ decisions는 주어가 주절의 주어와 같아 생략된 분사구문이다. 빈칸 뒤에 목적어 없이 전치사 with가 바로 있으며 타동사 face는 '~에 직면하다'라는 의미를 표현할 때 수동태 be faced with의 형태를 취하므로, 빈칸에는 수동의 과거분사 faced가 와야 한다.

해석 과거에는 경험이 부족한 청년들이 인생의 중대한 결정에 직면했을 때 부모의 판단에 아주 많이 의존했다.

어휘 inexperienced 경험이 부족한, 미숙한 crucial 중대한 rely on ~에 의존하다

10

정답 ③ which

해설 콤마 앞뒤로 두 개의 문장이 오고 있으므로, 빈칸에는 절과 절을 연결하는 접속사 기능이 있고 전치사 of의 목적어 역할을 하면서 동시에 앞의 선행사를 수식하는 관계대명사가 필요하다. 그런데 맥락상 출간되고 열렬한 반응을 얻는 것은 novels이므로, 빈칸에는 사물 명사를 선행사로 받는 목적격 관계대명사 which가 와야 한다.

해석 그 창의적인 작가는 경력을 쌓아 오면서 수많은 소설을 썼고, 그중 일부는 출간 후 독자들의 열렬한 반응을 얻었다.

어휘 numerous 수많은 over the course of ~동안 enthusiastic 열광적인

[01 – 05] 밑줄 친 부분이 어법상 옳지 않으면 올바르게 고치시오.

01 The failure is reminiscent of the problems <u>surrounded</u> the causes of the fatal space shuttle disasters.

02 Marie Curie found that the new element gave off rays five million times stronger than <u>those</u> given off by uranium.

03 The fall in the price of goods that we are not used <u>to buy</u> may not have any immediate impact on our spending behavior.

04 Lack of sleep is linked to increased production of cortisol, a stress hormone that is thought to <u>rise</u> the risk of memory impairment.

05 Since owls help <u>keeping</u> the mouse population from getting too large, the plant population whose seeds are typically eaten by mice never dies out.

01

정답 surrounded → surrounding

해설 surrounded 이하는 the problems를 수식하는 분사구인데, 타동사인 surround 뒤에 목적어 the causes가 있으며 문제가 원인을 '둘러싼' 것이므로 능동의 현재분사 surrounding이 쓰여야 한다.

해석 그 실패는 치명적인 우주왕복선 참사의 원인을 둘러싼 문제들을 연상시킨다.

어휘 reminiscent 연상시키는 fatal 치명적인 disaster 참사

02

정답 옳은 문장

해설 맥락상 비교급 표현 '-er than'의 비교 대상은 '새 원소가 방출한 방사선'과 '우라늄이 방출한 방사선'이므로, 복수 명사 rays를 지칭하는 복수 지시대명사 those는 적절하게 쓰였다.

해석 Marie Curie는 그 새로운 원소가 우라늄에 의해 방출되는 것보다 5백만 배나 더 강한 방사선을 방출한다는 것을 발견했다.

어휘 element 원소 give off 발산하다 ray 방사선

03

정답 to buy → to buying

해설 'be used to RV'는 '~하는 데 사용되다'라는 의미인데, 여기서는 맥락상 '~하는 데 익숙하다'라는 의미가 되어야 하므로 'be used to RVing' 구문이 쓰여야 한다. 이때 to는 전치사이므로 뒤에 동명사 buying이 와야 한다.

해석 우리가 구매에 익숙하지 않은 상품들의 가격 하락은 우리의 소비 행동에 즉각적인 영향을 미치지 않을지도 모른다.

어휘 immediate 직접적인, 즉각적인

04

정답 rise → raise

해설 rise는 '오르다'라는 뜻의 자동사이고, raise는 '올리다'라는 뜻의 타동사이다. 여기서는 뒤에 the risk라는 목적어가 있고, 의미상으로도 위험을 '올리는' 것이므로 자동사 rise를 타동사 raise로 고쳐야 한다.

해석 수면 부족은 기억력 장애의 위험을 높이는 것으로 여겨지는 스트레스 호르몬인 코르티솔의 생성 증가와 관련이 있다.

어휘 lack 부족 impairment 장애, 손상

05

정답 keeping → (to) keep

해설 help는 3형식 동사로 쓰일 때 (to) RV를 목적어로 취하므로, keeping을 (to) keep으로 고쳐야 한다.

해석 올빼미는 쥐 개체수가 너무 많아지지 않도록 도와주기 때문에 쥐가 보통 먹는 씨앗을 가진 식물 개체군은 절대 멸종되지 않는다.

어휘 owl 올빼미 typically 보통 die out 완전히 사라지다, 멸종되다

[06 – 08] 밑줄 친 부분 중 어법상 옳지 않은 것을 고르시오.

06

Napoleon's ambition ① <u>to control</u> the Mediterranean region led him and his soldiers to Egypt, but after losing a naval battle, they had to remain ② <u>isolated</u> there for three years, ③ <u>which</u> a soldier discovered the Rosetta Stone while ④ <u>working</u> on a fort.

07

The physiological effects of aging ① <u>may be vary</u> widely among individuals, but chronic ailments, especially aches and pains, ② <u>are</u> more prevalent than acute ailments, requiring older people ③ <u>to spend</u> more time and money on medical issues than ④ <u>the young</u>.

08

Being able to speak a language and be understood by others ① <u>who know</u> it means having the capacity to produce sounds that signify certain meanings and ② <u>to understand</u> the sounds produced by others. Deaf persons use sign language just as hearing persons ③ <u>do</u> spoken languages, and the languages of the deaf communities throughout the world ④ <u>is</u> nearly equivalent to spoken languages.

06

정답 ③

해설 (which → during which) 관계대명사 which 뒤에는 불완전한 절이 와야 하는데 여기서는 완전한 절이 오고 있다. 따라서 완전한 절을 이끌 수 있으면서 선행사인 three years와 어울리는 '전치사 + 관계대명사' during which가 쓰여야 한다.

① to control은 앞의 명사 ambition을 수식하는 to 부정사의 형용사적 용법으로 적절하게 쓰였다.

② 2형식 동사로 쓰인 remain이 과거분사형 형용사인 isolated를 보어로 취하고 있는 것은 적절하다.

④ 분사구문의 의미상 주어인 a soldier가 요새 '작업을 한' 것이므로 능동의 현재분사 working은 적절하게 쓰였다.

해석 Napoleon의 지중해 지역을 장악하려는 야망은 그와 그의 병사들을 이집트로 이끌었지만, 그들은 해전에서 패한 후 3년 동안 그곳에서 고립되어 지내야 했는데, 그 기간에 한 병사가 요새 작업을 하던 중 로제타 스톤을 발견했다.

어휘 ambition 야망 Mediterranean 지중해의 naval 해군의 isolated 고립된 fort 요새

07

정답 ①

해설 (may be vary → may vary) 맥락상 여기서 쓰인 vary는 '다르다'라는 뜻의 완전자동사이다. be동사와 일반동사의 원형은 함께 쓸 수 없으므로 be를 삭제해야 한다.

② are의 주어는 복수 명사인 chronic ailments이므로 수일치가 적절하게 되었다.

③ 5형식 동사로 쓰인 require가 to 부정사 to spend를 목적격 보어로 취하고 있는 것은 적절하다.

④ '~한 사람들'이라는 의미의 'the + 형용사'가 쓰여, the young으로 '젊은 사람들'을 표현한 것은 적절하다.

해석 노화의 생리적 영향은 개인마다 크게 다를 수 있지만 만성 질환, 특히 통증과 고통은 급성 질환보다 더 만연해서 노인들이 젊은 사람들보다 의료 문제에 더 많은 시간과 돈을 쓰게 한다.

어휘 physiological 생리적인 chronic 만성의 ailment 질환 prevalent 만연한 acute 급성의

08

정답 ④

해설 (is → are) 문장의 주어는 복수 명사인 the languages이다. 따라서 동사도 그에 수일치한 복수형 are로 고쳐야 한다.

① 복수 명사 others를 선행사로 하는 주격 관계대명사 who가 나왔고, 동사도 복수형 know로 적절히 수일치되었다.

② the capacity를 수식하는 to produce와 to understand가 등위접속사 and로 병치되었다.

③ do는 앞서 나온 일반동사 use를 받는 대동사로 적절하게 쓰였다.

해석 한 언어를 말하고 그 언어를 아는 다른 사람들에게 이해될 수 있다는 것은 어떤 의미를 나타내는 소리들을 만들어 내는 능력과 다른 사람들이 만들어 낸 소리를 이해하는 능력을 갖추고 있음을 의미한다. 청각 장애인들은 들을 수 있는 사람들이 구어를 사용하는 것처럼 수화를 그렇게 하며, 전 세계적으로 청각 장애인 사회의 언어들은 구어와 거의 같다.

어휘 capacity 능력 signify 의미하다, 나타내다 deaf 귀가 먼 sign language 수화 equivalent 동등한

[09 – 10] 밑줄 친 부분에 들어갈 말로 가장 적절한 것을 고르시오.

09　　By the time the mayor gets to his office, his secretary ＿＿＿＿＿＿ for Santa Barbara.

　　① left
　　② leaves
　　③ had left
　　④ will have left

10　　Workers can choose alternatives for relaxation, like reading books or taking a walk, instead of ＿＿＿＿＿＿ to take a nap.

　　① forced
　　② be forced
　　③ being forced
　　④ having forced

09

정답 ④ will have left

해설 시간 접속사 by the time이 이끄는 절에서 미래시제를 대신하는 현재시제 gets가 쓰이고 있으므로, 주절은 미래 시점을 나타내는 내용이 되어야 한다. 따라서 빈칸에는 미래 시점에 비서가 떠난 상태의 완료를 나타내는 미래완료시제 will have left가 와야 한다.

해석 시장이 사무실에 도착할 때쯤이면, 그의 비서는 Santa Barbara로 떠난 상태일 것이다.

어휘 mayor 시장 secretary 비서

10

정답 ③ being forced

해설 빈칸은 전치사 instead of의 목적어 자리로 (동)명사가 올 수 있다. 타동사인 force 뒤에 목적어가 없고 동명사의 의미상 주어인 Workers가 낮잠을 자도록 '강요하는' 것이 아니라 '강요받는' 것이므로 빈칸에는 수동형 동명사 being forced가 와야 한다. 참고로 force가 5형식 동사로 쓰이면 to 부정사를 목적격 보어로 취하는데, 수동태로 전환하면 'be forced to RV' 형태가 된다.

해석 근로자들은 낮잠을 자도록 강요받는 대신 책을 읽거나 산책하는 것과 같은 기분 전환을 위한 대안을 선택할 수 있다.

어휘 alternative 대안 relaxation 휴식, 기분 전환 nap 낮잠

[01 – 05] 밑줄 친 부분이 어법상 옳지 않으면 올바르게 고치시오.

01   Now she must take care of her father as if she <u>were</u> his parent.

02   Once teenagers <u>will become</u> accustomed to luxurious spending, it will be tough for them to kick the habit later in life.

03   The geographical position of Britain <u>has been influenced</u> not only its history but the character and traditions of its people.

04   Psychologists working with children are reluctant to <u>mention parents</u> that the treatments they use are often based on research done on animals.

05   One problem advertisers have when they try to convince you that the product they are pushing is really different from other similar products <u>are</u> that their claims are subject to some laws.

01

정답 옳은 문장

해설 맥락상 주절과 같은 시점의 내용을 가정하는 as if 가정법 과거가 쓰이고 있으므로, 종속절에 were가 쓰인 것은 적절하다.

해석 이제 그녀는 자신이 아버지의 부모인 것처럼 그를 돌봐야 한다.

어휘 take care of 돌보다

02

정답 will become → become

해설 once가 이끄는 조건 부사절에서는 현재시제가 미래시제를 대신하므로, will을 삭제해야 한다.

해석 일단 십 대들이 사치스러운 소비에 익숙해지면, 그들이 나중에 그 습관을 버리기는 힘들 것이다.

어휘 accustomed 익숙한 luxurious 사치스러운 kick the habit 습관을 버리다

03

정답 has been influenced → has influenced

해설 타동사인 influence 뒤에 목적어가 'not only A but (also) B' 상관접속사 구문으로 연결되어 있으므로 수동태가 아닌 능동태 has influenced 가 쓰여야 한다.

해석 영국의 지리적 위치는 그곳의 역사뿐만 아니라 민족의 특성과 전통에도 영향을 미쳐 왔다.

어휘 geographical 지리(학)적인 character 특성

04

정답 mention parents → mention to parents

해설 mention은 4형식으로 쓸 수 없는 3형식 동사이므로 간접목적어 앞에 전치사 to를 써야 한다.

해석 아이들을 연구 대상으로 하는 심리학자들은 그들이 사용하는 치료법이 종종 동물 대상 연구에 기반한 것이라는 사실을 부모들에게 언급하길 꺼린다.

어휘 work with ~을 연구 대상으로 하다 reluctant 꺼리는, 주저하는

05

정답 are → is

해설 문맥상 are는 문장의 본동사 자리인데, 문장의 주어가 단수 명사인 One problem이므로 복수 동사 are를 단수 동사 is로 고쳐야 한다. 참고로 problem과 advertisers 사이, product와 they 사이에는 목적격 관계대명사가 생략되어 있다.

해석 광고주들이 자신들이 추진하는 제품이 다른 유사한 제품과 정말 다르다는 것을 당신에게 설득하려고 할 때 겪는 한 가지 문제는 자신들의 주장이 일부 법들의 영향을 받기 쉽다는 점이다.

어휘 advertiser 광고주 claim 주장 subject to ~의 영향을 받기 쉬운

[06 – 08] 밑줄 친 부분 중 어법상 옳지 않은 것을 고르시오.

06

Recycling is considered ① <u>inconvenient</u> by most people who would rather throw garbage away on the street than ② <u>separating</u> it into recycling bins, but separating garbage into different bins ③ <u>helps</u> cut down on ④ <u>the amount of</u> waste.

07

The real attraction for visitors who flooded into Berlin ① <u>during</u> the summer season after *The New York Times* ② <u>carried</u> a photograph of the German parliament house, the Reichstag, on June 23, 1995, ③ <u>was</u> that none of ④ <u>it</u> could see even a square inch of the building.

08

Modern civilization ① <u>has been</u> lucky so far in that, for example, both the American and Japanese depressions ② <u>were</u> cured by higher government spending and liquidity, but it took a while before the solutions ③ <u>arrived</u>, and both depressions might have ended sooner if policymakers ④ <u>used</u> the right tools from the outset.

06

정답 ②

해설 (separating → separate) 'would rather A than B'는 'B하기보다는 차라리 A하는 것이 낫다'라는 뜻의 표현이다. 이때 would rather는 조동사이기에 A와 B에는 원형부정사가 와야 하므로 separate가 쓰여야 한다.
① consider는 5형식 동사로 쓰여 'consider + O + (to be/as) + 형용사/명사' 구조를 취할 수 있는데, 수동태로 전환하면 'be considered + (to be/as) + 형용사/명사' 형태가 되므로 형용사 inconvenient는 적절하게 쓰였다.
③ 문장의 주어는 동명사인 separating이므로 단수 동사 helps의 수일치는 적절하다.
④ 불가산명사를 수식하는 '~의 양'이라는 뜻의 the amount of가 불가산명사 waste를 수식하고 있는 것은 적절하다. 복수가산명사를 수식하는 the number of와의 구별에 유의해야 한다.

해석 재활용은 쓰레기를 재활용 쓰레기통으로 분리하는 것보다 길거리에 버리는 것을 선호하는 대부분의 사람들에 의해 불편하게 여겨지지만, 쓰레기를 서로 다른 쓰레기통으로 분리하는 것은 쓰레기의 양을 줄이는 데 도움이 된다.

어휘 inconvenient 불편한 garbage 쓰레기 separate 분리하다 bin 쓰레기통 cut down on ~을 줄이다

07

정답 ④

해설 (it → them) 맥락상 '관람객 중 누구도' 그 건물을 보지 못했다는 의미가 되어야 자연스럽다. 따라서 it을 복수 명사인 visitors를 받는 복수 대명사 them으로 고쳐야 한다.
① 뒤에 명사구 the summer season이 오고 있으므로 전치사 during의 쓰임은 적절하다.
② 명확한 과거 시점 부사구(on June 23, 1995)가 있으므로 과거시제 carried는 적절하게 쓰였다.
③ 주어가 단수 명사인 The real attraction이므로 그에 수일치한 단수 동사 was의 쓰임은 적절하다.

해석 1995년 6월 23일 <The New York Times>가 독일 국회의사당인 Reichstag의 사진을 실은 이후 여름철에 베를린으로 밀려든 방문객들에게 있어 진정한 매력적인 요소는 그들 중 누구도 그 건물의 1제곱인치조차 볼 수 없었다는 점이었다.

어휘 attraction 매력(적인 요소) flood (물밀듯이) 밀려들다 carry 보도하다 parliament house 국회의사당 square inch 제곱인치

08

정답 ④

해설 (used → had used) 주절에 과거 사실의 반대를 나타내는 가정법 과거완료(might have ended)가 쓰였으므로 if절에도 가정법 과거완료를 써야 한다. 따라서 used를 had used로 고쳐야 한다.
① '지금까지'라는 뜻의 so far는 현재완료시제와 함께 쓰이는 시간 부사구이다.
② 'both A and B' 상관접속사 구문이 주어로 오면 동사의 수는 항상 복수이므로 were의 수일치는 적절하다.
③ arrive는 수동태로 쓸 수 없는 완전자동사로 적절하게 쓰였다.

해석 현대 문명은, 예를 들어 미국과 일본의 불황이 둘 다 더 많은 정부의 지출과 (자산의) 유동성으로 해결이 되었다는 점에서 지금까지 운이 좋았지만 그 해결책이 나오기까지는 상당한 시간이 걸렸고, 정책 입안자들이 처음부터 적절한 수단을 활용했었더라면 두 불황 모두 더 빨리 종식되었을 수도 있었다.

어휘 civilization 문명 depression 불황 liquidity 유동성 arrive 도래하다 from the outset 처음부터

[09 – 10] 밑줄 친 부분에 들어갈 말로 가장 적절한 것을 고르시오.

09   Are you having trouble motivating your child to stop _____ video games and to play outside instead?

① play
② to play
③ playing
④ to playing

10   _____ as he was from the long drive, he lay awake while light from the full moon spilled across his bed.

① Exhausted
② To exhaust
③ Exhaustion
④ Exhausting

09

정답 ③ playing

해설 빈칸은 to stop의 목적어인 준동사 자리이다. 'stop RVing'는 '~하는 것을 멈추다'라는 의미이고, 'stop to RV'는 '~하기 위해 멈추다'라는 의미인데, 맥락상 비디오 게임을 '하는 것을' 멈추는 것이므로 빈칸에는 playing이 와야 한다.

해석 자녀가 비디오 게임을 그만하고 대신 밖에서 놀도록 동기를 부여하는 데 어려움을 겪고 있습니까?

어휘 motivate 동기를 부여하다

10

정답 ① Exhausted

해설 '비록 ~이지만'이라는 뜻의 '형용사/부사/무관사명사 + as + S + V' 양보 도치 구문이 쓰이고 있으며, 빈칸에는 was의 보어인 형용사나 명사가 올 수 있다. 그런데 의미상 그가 장거리 운전으로 인해 '지친' 것이므로, 빈칸에는 수동의 과거분사형 형용사인 Exhausted가 와야 한다.

해석 그는 장거리 운전으로 지쳤지만, 보름달의 빛이 침대에 쏟아지는 동안 뜬 눈으로 누워 있었다.

어휘 spill 쏟아지다 exhaust 지치게 하다

[01 – 05] 밑줄 친 부분이 어법상 옳지 않으면 올바르게 고치시오.

01   He seldom finds the time or interest to go shopping, <u>does he</u>?

02   It was very considerate <u>for you</u> to send me the letter of admission so promptly.

03   She visits her grandmother <u>every second week</u> to catch up and spend time together.

04   Among the burnt items from the recent house fires <u>were</u> my mother's recipe book that had been handed down to her from my grandmother.

05   If Korea had built more homes for poor people in the past, the housing problems now in some parts of this country <u>would not have been</u> so serious.

01

정답 옳은 문장

해설 부가의문문은 앞 문장이 긍정이면 부정으로, 부정이면 긍정으로 써야 하며, 동사를 주절 동사의 종류와 시제에 맞춰야 한다. 여기서는 주절에 '좀처럼 ~않는'이라는 부정을 나타내는 seldom이 있고 일반동사 finds가 현재시제로 쓰이고 있으므로, 부가의문문 does he는 적절하게 쓰였다.

해석 그는 좀처럼 쇼핑하러 가는 데 시간을 내거나 흥미를 느끼지 않아, 그렇지?

어휘 find (the) time 시간을 내다

02

정답 for you → of you

해설 considerate와 같은 사람의 성격을 나타내는 형용사의 의미상 주어는 'of + 목적격'으로 표현해야 하므로 of you가 되어야 한다.

해석 귀하가 입학 허가서를 그렇게 신속하게 보내 주신 것은 대단히 사려 깊으셨습니다.

어휘 considerate 사려 깊은 letter of admission 입학 허가서 promptly 신속하게

03

정답 옳은 문장

해설 every는 '~마다'라는 뜻으로 쓰일 때, 'every + 서수 + 단수 명사' 또는 'every + 기수 + 복수 명사'의 형태를 취하므로, every second week의 쓰임은 적절하다.

해석 그녀는 2주마다 할머니를 방문하여 안부를 묻고 함께 시간을 보낸다.

어휘 catch up (밀린 것을) 따라잡다, 그 뒤의 소식을 듣다

04

정답 were → was

해설 장소 부사구 among ~ fires가 문두에 와서 주어와 동사가 도치된 문장이다. 주어는 단수 명사인 my mother's recipe book이므로, 그에 수일치한 단수 동사 was가 쓰여야 한다.

해석 최근 집의 화재로 타버린 물건 중에는 할머니가 물려주신 어머니의 요리책이 있었다.

어휘 burnt (불에) 탄 hand down 물려주다

05

정답 would not have been → would not be

해설 종속절의 in the past와 주절의 now를 보아, if절과 주절의 시제가 다른 혼합가정법이 쓰였음을 알 수 있다. 주절에는 현재의 사실과 반대되는 가정이 나오므로 가정법 과거 표현인 would not be가 쓰여야 한다.

해석 만약 한국이 과거에 가난한 사람들을 위해 더 많은 집을 지었더라면, 현재 이 나라 일부 지역의 주택 문제는 이렇게 심각하지 않을 것이다.

[06 – 08] 밑줄 친 부분 중 어법상 옳지 않은 것을 고르시오.

06

The purpose behind ancient religious people ① establishing Stonehenge, a group of very large stones, ② remains a mystery, though research suggests it ③ may have built either to serve as a sacred temple or ④ to function as an observatory for studying the sky.

07

Around 60 million years ago, tuataras went ① extinct everywhere except in New Zealand, ② where they continue to exist to this day. They have large heads with teeth ③ arranged along the edges of their jaws, and they can regenerate their tails but do not do so as ④ effective as some modern reptiles.

08

① Whatever is taking place in a dream indeed happens 'out there,' which we think ② is 'only a dream' when we awaken; however, the fact is ③ that our waking reality is also a creation in our mind, so all experiences are images of reality ④ creating in our mind — whether in the waking state or the dream state.

06

정답 ③

해설 (may have built → may have been built) 맥락상 it이 가리키는 것은 Stonehenge인데, 스톤헨지가 '지은' 것이 아니라 '지어진' 것이므로 수동태 may have been built로 쓰여야 한다.
① establishing Stonehenge는 ancient religious people을 수식하는 분사구인데, 타동사인 establish 뒤에 목적어가 있으며 고대 종교인들이 스톤헨지를 '세운' 것이므로 능동의 현재분사로 적절하게 쓰였다.
② 문장의 주어는 단수 명사인 The purpose이므로 단수 동사 remains의 수일치는 적절하다.
④ 'either A or B' 상관접속사 구문이 쓰이고 있는데, 이때 A와 B의 급은 동일해야 하므로 to serve와 동일하게 to 부정사인 to function이 쓰인 것은 적절하다.

해석 고대 종교인들이 매우 큰 돌들로 이루어진 스톤헨지를 세운 목적은 아직 미스터리로 남아 있지만, 연구에 따르면 그것은 신성한 사원 역할을 하거나 하늘을 연구하기 위한 천문대 역할을 하기 위해 세워졌을 수도 있다.

어휘 sacred 신성한 temple 사원 observatory 천문대

07

정답 ④

해설 (effective → effectively) 'as + 형용사/부사 + as' 원급 비교 표현에서 형용사와 부사 중 어느 것이 와야 하는지는 'as ~ as' 사이의 품사가 무엇을 수식하는지를 살펴보면 알 수 있다. 이 문장에서는 동사 do를 수식하고 있으므로 형용사 effective를 부사 effectively로 고쳐야 한다.
① 2형식 동사로 쓰인 go의 과거시제 went가 형용사 extinct를 보어로 취하고 있는 것은 적절하다.
② 장소 명사인 New Zealand를 선행사로 받는 관계부사 where 뒤에 완전한 절이 오고 있는 것은 적절하다.
③ 부대 상황을 나타내는 'with + O + OC'의 분사구문이 사용되었는데, 이빨이 '배열한' 것이 아니라 '배열된' 것이므로 수동의 과거분사 arranged의 쓰임은 적절하다.

해석 약 6천만 년 전, 투아타라는 오늘날까지 계속 존재하고 있는 뉴질랜드를 제외하고는 모든 곳에서 멸종되었다. 그들은 이빨이 턱 가장자리를 따라 배열된 큰 머리를 가지고 있으며, 일부 현대 파충류만큼 효과적으로는 아니지만 꼬리를 재생시킬 수 있다.

어휘 extinct 멸종된 arrange 배열하다 jaw 턱 regenerate 재생시키다 reptile 파충류

08

정답 ④

해설 (creating → created) creating in our mind는 images of reality를 수식하는 분사구인데, 타동사로 쓰인 create 뒤에 목적어가 없으며 현실의 상이 '만드는' 것이 아니라 '만들어진' 것이므로 수동의 과거분사 created가 쓰여야 한다.
① 복합관계대명사 Whatever가 관계사절 내 동사 is taking place의 주어 역할과 본동사 happens의 주어 역할을 동시에 하면서 적절하게 쓰였다.
② is는 주격 관계대명사 which가 이끄는 절의 동사인데, which의 선행사는 맥락상 복합관계대명사 Whatever가 이끄는 명사절이고, 절은 단수로 취급하므로 is의 수일치는 적절하다. 참고로 we think는 관계사절 내의 삽입절이며 생략 가능하다.
③ 명사절 접속사 that이 완전한 절을 이끌어 is의 보어 역할을 하고 있는 것은 적절하다.

해석 꿈에서 일어나고 있는 일이 무엇이든 실제로 '그곳에서' 일어나는데, 우리는 깨어나면 그것이 '단지 꿈'이라고 생각한다. 하지만 사실은 우리의 깨어 있는 현실 또한 우리 마음속에서 만들어진 것이며, 따라서 깨어 있는 상태에서든 꿈을 꾸는 상태에서든 모든 경험은 우리 마음속에서 만들어진 현실의 상(像)이다.

어휘 take place 일어나다 awaken 깨다

[09 – 10] 밑줄 친 부분에 들어갈 말로 가장 적절한 것을 고르시오.

09 Henry, having devoted his life to maintaining his library, decided to let the renovation plans _____ by a specialized team of experts.

① review
② reviewed
③ to review
④ be reviewed

10 If you tell your dreams to people who don't really care about you, you will probably be told that the dream is ridiculous and not worth _____.

① pursue
② pursuing
③ to pursue
④ being pursued

09

정답 ④ be reviewed

해설 빈칸은 사역동사 let의 목적격 보어 자리인데, 사역동사 let은 목적어와 목적격 보어의 관계가 능동이면 RV를, 수동이면 be p.p.를 목적격 보어로 취한다. 여기서는 타동사로 쓰인 review 뒤에 목적어가 없고 의미상으로도 보수 계획이 '검토하는' 것이 아니라 '검토되는' 것이므로, 빈칸에는 수동을 나타내는 be reviewed가 와야 한다.

해석 자신의 도서관을 유지하는 데 일생을 바쳤던 Henry는 보수 계획이 전문가팀에 검토되게 할 것으로 정했다.

어휘 devote 바치다 maintain 유지하다 renovation 보수 specialized 전문적인

10

정답 ② pursuing

해설 worth는 '~할 가치가 있다'라는 뜻을 나타낼 때 'be worth RVing' 형태로 쓰이며, worth 뒤에 오는 동명사는 능동의 형태이지만 수동의 의미를 갖는다. 따라서 빈칸에는 pursuing이 와야 한다.

해석 당신을 별로 신경 쓰지 않는 사람들에게 당신의 꿈을 말한다면, 당신은 아마 그 꿈이 터무니없고 좇을 가치가 없다는 말을 듣게 될 것이다.

어휘 ridiculous 터무니없는 pursue 추구하다, 좇다

[01 - 05] 밑줄 친 부분이 어법상 옳지 않으면 올바르게 고치시오.

01 The rich soil in the region could help local farmers <u>grow</u> enough crops to feed the growing population in the nearby cities.

02 MRI scans indicated that in the elders' brains, the areas responsible for language recognition and interpretation were <u>very</u> less active.

03 The director of the institute, together with some other members, <u>are</u> planning a conference for the purpose of changing certain regulations.

04 Albert Einstein was <u>too</u> a brilliant scientist that many of his colleagues had to study for several years in order to form opinions about his theories.

05 The region <u>supposed to adhere</u> to Beijing time, but its residents have adjusted their lives to an unofficial rhythm two hours behind that of the cities in the east.

01

정답 옳은 문장

해설 준사역동사 help는 '(to) RV'를 목적격 보어로 취하므로 grow의 쓰임은 적절하다.

해석 그 지역의 비옥한 토양은 지역 농부들이 인근 도시들의 증가하는 인구를 먹여 살릴 수 있을 만큼 충분한 작물을 재배하는 데 도움을 줄 수 있었다.

어휘 rich 비옥한 feed 먹이다, 먹여 살리다

02

정답 very → much

해설 very는 형용사나 부사의 원급을 수식하는 부사로, 비교급은 수식할 수 없다. 여기서는 뒤에 비교급 표현인 less active가 나오고 있으므로, 비교급 강조 부사인 much, even, still, (by) far, a lot 등이 쓰여야 한다.

해석 MRI 정밀 검사는 노인들의 두뇌에서 언어 인식 및 해석을 담당하는 영역들이 훨씬 덜 활성화된 것을 보여 줬다.

어휘 indicate 보여 주다 responsible 담당하는 recognition 인식 interpretation 해석

03

정답 are → is

해설 문장의 주어는 단수 명사인 The director이므로 복수 동사 are를 단수 동사 is로 고쳐야 한다.

해석 그 연구소장은 특정 규정들을 변경할 목적으로 몇몇 다른 구성원들과 함께 회의를 계획하고 있다.

어휘 institute 연구소 conference 회의 regulation 규정

04

정답 too → such

해설 'too ~ to'는 '너무 ~해서 ~할 수 없다'라는 뜻의 구문이고, 'so/such ~ that'은 '너무 ~해서 ~하다'라는 뜻의 구문인데, 여기서는 뒤에 that이 오고 있으므로 so나 such가 쓰여야 한다. 이때 so는 'so + 형용사 + a(n) + 명사'의 어순으로 쓰이고, such는 'such + a(n) + 형용사 + 명사'의 어순으로 쓰이므로, a brilliant scientist 앞에는 such가 와야 한다.

해석 Albert Einstein은 매우 뛰어난 과학자라서 그의 많은 동료들이 그의 이론에 대한 의견을 형성하기 위해 몇 년 동안 연구해야만 했다.

어휘 brilliant 뛰어난 form 형성하다

05

정답 supposed to adhere → is supposed to adhere

해설 suppose는 '가정하다'라는 뜻으로 쓰이면 to 부정사 목적어를 취하지 않는 동사이다. 여기서는 문맥상 '~하기로 되어 있다'라는 의미가 자연스러우므로 'be supposed to RV'가 쓰여야 한다. 따라서 is supposed to adhere가 되어야 한다. 참고로 등위접속사 but으로 병렬된 두 문장 중 첫 번째 문장의 본동사 자리이므로 과거분사로 볼 수 없음에 유의해야 한다.

해석 그 지역은 베이징 시각을 준수해야 하지만, 그곳의 주민들은 동쪽 도시보다 2시간 늦은 비공식적인 리듬에 생활을 맞춰 왔다.

어휘 adhere to ~을 고수하다 resident 주민 adjust 맞추다

[06 – 08] 밑줄 친 부분 중 어법상 옳지 않은 것을 고르시오.

06

Credit card numbers ① <u>obtained</u> from theft on the Internet ② <u>are used</u> to access adult websites, causing innocent people ③ <u>to be charged</u> and raising the possibility ④ <u>which</u> credit cards are unsuitable for electronic commerce.

07

The most common means of pasteurizing food is ① <u>to apply</u> heat for a specific period of time; ② <u>the higher</u> the heat is, the less time ③ <u>is needed</u> to ensure food safety, and high temperatures are preferred ④ <u>because of</u> the shorter heating time inflicts less quality damage to the food.

08

One of ① <u>my students</u> used the concept of the "cycle of illiteracy" to explain ② <u>to others</u> that parental illiteracy would affect child illiteracy, as ③ <u>would the lack of reading materials</u>, but it doesn't seem ④ <u>enough powerful</u> to reproduce illiteracy today when most children have access to schooling.

06

정답 ④

해설 (which → that) 관계대명사 which 뒤에는 불완전한 절이 와야 하는데 여기서는 완전한 절이 오고 있다. 따라서 추상명사 the possibility를 선행사로 받으면서, 뒤에 완전한 절을 취하는 동격 접속사 that이 쓰여야 한다.
① obtained ~ Internet은 Credit card numbers를 수식하는 분사구인데, 타동사로 쓰인 obtain 뒤에 목적어가 없고 신용 카드 번호는 '얻어진' 것이므로 수동의 과거분사 obtained는 적절하게 쓰였다.
② 문장의 본동사 자리인데 문장의 주어는 복수 명사인 Credit card numbers이며, 신용 카드 번호가 '사용되는' 것이므로 복수 동사의 수동태 are used는 적절하게 쓰였다.
③ cause가 5형식 동사로 사용되면 목적격 보어로 to 부정사를 취하는데, 여기서는 맥락상 목적어인 innocent people이 '청구하는' 것이 아니라 '청구받는' 것이므로 수동형 to be charged는 적절하게 쓰였다.

해석 인터넷에서 도난으로 얻어진 신용 카드 번호가 성인 웹 사이트에 접속하는 데 사용되어, 무고한 사람들에게 요금이 청구되고 신용 카드가 전자 상거래에 부적합하다는 가능성이 제기된다.

어휘 theft 절도 innocent 무고한 charge 청구하다 unsuitable 부적합한 electronic commerce 전자 상거래

07

정답 ④

해설 (because of → because) 전치사 because of 뒤에는 명사(구)가 와야 하는데, 여기서는 절이 오고 있으므로 접속사 because를 써야 한다.
① to apply는 is의 보어 역할을 하는 to 부정사의 명사적 용법으로 적절하게 쓰였다.
② 'the 비교급, the 비교급'은 '~하면 할수록 더 ~하다'라는 의미의 구문으로, the higher는 is의 주격 보어로서 형용사 형태로 적절하게 쓰였다.
③ 타동사인 need 뒤에 목적어가 없으며 주어인 time이 필요의 주체가 아닌 대상이므로 수동태 is needed는 적절하게 쓰였다.

해석 식품을 살균하는 가장 일반적인 방법은 일정 시간 동안 열을 가하는 것으로, 열이 높을수록 식품 안전을 보장하는 데 필요한 시간이 줄어들며, 가열 시간이 더 짧으면 식품의 품질 손상이 더 적기 때문에 고온 살균이 선호된다.

어휘 means 수단, 방법 pasteurize 살균하다 ensure 보장하다 inflict 가하다

08

정답 ④

해설 (enough powerful → powerful enough) enough는 형용사나 부사를 수식할 경우 후치 수식하므로 powerful enough의 어순이 되어야 한다.
① one of 뒤에는 복수 명사가 와야 하므로 students는 적절하게 쓰였다.
② explain은 4형식으로 쓸 수 없는 3형식 동사이므로 간접목적어 앞에 전치사 to를 써야 한다.
③ '~처럼'이라는 뜻의 양태 접속사 as가 이끄는 절에서는 주어가 일반명사일 경우 주어와 동사를 도치할 수 있으므로, 주어 the lack of reading materials와 동사 would (affect)가 도치되어 있는 것은 적절하다.

해석 내 학생 중 한 명이 "문맹의 순환"이라는 개념을 사용하여 읽기 자료의 부족이 그러하듯 부모의 문맹이 아이의 문맹에 영향을 미칠 것이라고 다른 사람들에게 설명했지만, 그것은 대부분의 아이들이 학교 교육을 받을 수 있는 오늘날엔 문맹을 재생산할 만큼 강력하지는 않은 것 같다.

어휘 illiteracy 문맹 parental 부모의 reproduce 재생산하다 schooling 학교 교육

[09 – 10] 밑줄 친 부분에 들어갈 말로 가장 적절한 것을 고르시오.

09   When _____ or experiencing other negative emotions, such as anger, sadness, and anxiety, we may have a hard time focusing on the tasks at hand.

① frustrate

② frustrated

③ frustrating

④ frustration

10   The declaration of an emergency was a procedure to make it easier for hospitals, should they become busy with sick people, _____ them to alternate sites for treatment.

① transfer

② to transfer

③ transferred

④ transferring

09

정답 ② frustrated

해설 분사구문의 주어가 주절의 주어와 같아서 생략된 분사구문이 쓰이고 있으며, 빈칸은 등위접속사 or로 experiencing과 병렬되는 분사 자리이다. 그런데 분사구문의 의미상 주어인 we가 '좌절감을 주는' 것이 아니라 '좌절감을 받는' 것이므로, 빈칸에는 수동의 과거분사 frustrated가 와야 한다.

해석 좌절감을 느끼거나 분노, 슬픔, 불안과 같은 다른 부정적인 감정을 경험할 때, 우리는 당면한 일에 집중하는 데 어려움을 겪을 수 있다.

어휘 anxiety 불안 challenging 힘든 at hand 가까이에 (있는) frustrate 좌절감을 주다

10

정답 ② to transfer

해설 접속사가 없기에 동사가 또 올 수 없으므로 빈칸은 준동사 자리이다. 이때 5형식 동사로 쓰인 make 뒤에 it easier for hospitals가 오고 있는 것으로 보아, to 부정사를 진목적어로 취하는 'make + 가목적어 it + 목적격 보어 + (for + 의미상 주어) + 진목적어 to RV'의 구조가 쓰이고 있음을 알 수 있다. it이 대명사이고 빈칸에 분사가 오는 구조로 볼 경우에는 의미상 어색해지므로 적절하지 않다. 따라서 빈칸에는 to 부정사인 to transfer가 와야 한다. 참고로 삽입구 should ~ people은 가정법 미래에서 if가 생략된 도치 표현이다.

해석 비상사태 선언은 병원들이 아픈 사람들로 인해 바빠질 경우, 그곳들이 그들을 대체 치료 장소로 옮기기 더 쉽게 하기 위한 절차였다.

어휘 declaration 선언 procedure 절차 alternate 대체의 transfer 옮기다

[01 – 05] 밑줄 친 부분이 어법상 옳지 않으면 올바르게 고치시오.

01   I prefer going to bed early with a good book in hand <u>to staying</u> out late with friends.

02   I didn't even help her with the household chores, <u>neither</u> did I look after my younger brother for her.

03   Unlike many other members of the civet cat family, which <u>resemble like</u> cats, the African civet cat looks like a dog.

04   When people go to a bookstore to buy a book, the cover of the book they are looking at has an influence on <u>if</u> they purchase it or not.

05   The number of non-compliant employees <u>have been increasing</u> because managers survey them so frequently that they become annoyed.

01

정답 옳은 문장

해설 prefer의 목적어 뒤에 비교 대상이 있는 경우, 'prefer RVing to RVing' 또는 'prefer to RV (rather) than (to) RV'의 형태로 사용되므로, to staying은 적절하게 쓰였다.

해석 나는 친구들과 늦게까지 밖에 있는 것보다 좋은 책을 손에 들고 일찍 잠자리에 드는 것을 선호한다.

02

정답 neither → nor 또는 and neither

해설 부정 동의를 나타내는 neither는 부사이므로 절과 절을 연결할 수 없다. 따라서 neither를 접속사인 nor로 고치거나 neither 앞에 접속사 and 를 추가해야 한다.

해석 나는 그녀의 집안일조차 도와주지 않았고, 그녀를 위해 내 남동생을 돌봐주지도 않았다.

어휘 household chore 집안일 look after ~을 돌보다

03

정답 resemble like → resemble

해설 resemble은 전치사 없이 바로 목적어를 취하는 완전타동사이므로 뒤에 전치사 like를 삭제해야 한다.

해석 고양이를 닮은 사향고양잇과의 많은 다른 구성원들과 달리, 아프리카사향고양이는 개처럼 보인다.

어휘 civet cat 사향고양이 family (동식물 분류) 과(科)

04

정답 if → whether

해설 명사절 접속사 if는 타동사의 목적어로만 쓸 수 있으므로, if를 전치사의 목적어로 쓸 수 있는 접속사 whether로 고쳐야 한다.

해석 사람들이 책을 사러 서점에 갈 때, 그들이 보고 있는 책의 표지가 그것을 살지 말지에 영향을 미친다.

어휘 cover 표지 purchase 구매하다

05

정답 have been increasing → has been increasing

해설 the number of는 '~의 수'라는 의미인데, 문장의 주어인 The number가 단수 명사이므로, 동사의 수일치도 단수인 has로 해야 한다.

해석 순응적이지 않은 직원의 수가 늘고 있는데, 관리자들이 설문 조사를 너무 자주 해서 그들(직원들)이 짜증이 났기 때문이다.

어휘 compliant 순응하는 survey (설문) 조사하다 frequently 자주 annoyed 짜증이 난

[06 – 08] 밑줄 친 부분 중 어법상 옳지 않은 것을 고르시오.

06

The marketing plan ① <u>developing</u> by marketing directors includes details on ② <u>what</u> the product should be named, how ③ <u>it</u> should be advertised and packaged, and which methods should be used to persuade customers ④ <u>to choose</u> it.

07

Although chimps can make tools, a trait once ① <u>considered</u> uniquely human, they ② <u>have not seen</u> to display the unselfish love observed in humans, ③ <u>which</u> suggests a key difference between humans and primates ④ <u>is</u> our capacity for deep and lasting love.

08

Evolution likely didn't provide us ① <u>with an internal clock</u> to measure minutes and hours because it was of no ② <u>important</u> for survival; animals only needed to adapt to the general rhythms of day and night, ③ <u>ensuring that</u> they hunted for food when their natural enemies were ④ <u>asleep</u>, rather than needing to know precise times.

06

정답 ①

해설 (developing → developed) developing ~ directors는 The marketing plan을 수식하는 분사구인데, 마케팅 계획이 '개발하는' 것이 아니라 마케팅 책임자에 의해 '개발되는' 것이므로 수동의 과거분사 developed가 쓰여야 한다.

② 의문대명사 what이 전치사 on의 목적어 역할과 should be named의 보어 역할을 동시에 하고 있다. 참고로 name은 5형식 동사로 쓰여 'name + O + 명사'의 구조를 취할 수 있고, 수동태로 전환하면 'be named + 명사' 형태가 된다.

③ it은 맥락상 앞서 나온 the product를 가리키는 대명사이므로 단수로 수일치한 것은 적절하다.

④ persuade가 5형식 동사로 사용되면 목적격 보어로 to 부정사를 취하므로 to choose는 적절하게 쓰였다.

해석 마케팅 책임자가 세우는 마케팅 계획에는 제품의 이름이 무엇이어야 하는지, 그것이 어떻게 광고 및 포장되어야 하는지, 고객이 그것을 선택하도록 설득하기 위해 어떤 방법이 사용되어야 하는지에 대한 세부 사항이 포함된다.

어휘 advertise 광고하다 package 포장하다

07

정답 ②

해설 (have not seen → have not been seen) 주어인 they가 가리키는 것은 맥락상 chimps인데, 침팬지가 이타적인 사랑을 드러내는 것으로 '보는' 것이 아니라 '보이는' 것이므로 수동태로 쓰여야 한다. 참고로 지각동사로 쓰인 see가 수동태로 전환되면 to 부정사를 보어로 취하기에 뒤에 to display가 오고 있다.

① 수식 대상인 a trait가 인간에게 고유한 것으로 '간주되는' 것이므로 수동의 과거분사 considered는 적절하게 쓰였다. 참고로 5형식 동사 consider는 형용사를 목적격 보어로 취할 수 있고, 수동태로 전환되면서 뒤에 부사 uniquely의 수식을 받는 형용사 human이 남은 형태이다.

③ 앞의 절을 선행사로 받는 주격 관계대명사 which가 콤마 다음에 계속적 용법으로 쓰이면서 주어 없는 불완전한 절을 이끌고 있는 것은 적절하다.

④ is의 주어는 단수 명사인 a key difference이므로 수일치가 적절하게 되었다.

해석 침팬지는 한때 인간에게 고유한 것으로 여겨졌던 특성인 도구 만들기를 할 수 있지만, 인간에게서 관찰되는 이타적인 사랑을 드러내지는 않아 보이는데, 이는 인간과 영장류 사이의 핵심적인 차이점이 우리의 깊고 지속적인 사랑의 능력이라는 것을 시사한다.

어휘 chimp 침팬지 trait 특성 unselfish 이타적인 primate 영장류 lasting 지속적인

08

정답 ②

해설 (important → importance) 전치사의 목적어로는 명사가 쓰여야 하므로 형용사 important를 명사 importance로 고쳐야 한다. 참고로 'of + 추상명사'는 형용사 역할을 할 수 있다.

① 'A에게 B를 제공하다'라는 뜻의 'provide A with B' 구문이 적절하게 쓰였다.

③ 분사구문의 의미상 주어인 animals가 명사절의 내용을 '확실히 하는' 것이므로 능동의 현재분사 ensuring이 적절하게 쓰였으며, 타동사 ensure의 목적어로 뒤에 완전한 절을 이끄는 접속사 that이 쓰인 것도 적절하다.

④ asleep은 서술적 용법으로만 쓰이는 형용사이므로 be동사의 보어로 쓰인 것은 적절하다.

해석 진화는 우리에게 분과 시를 측정할 내적 시계를 제공하지 않은 것 같은데, 그것이 생존에 있어 중요하지 않았기 때문이다. 동물들은 정확한 시간을 알 필요 없이, 그저 천적이 잠들어 있을 때 먹이를 사냥하는 것을 확실히 하며 낮과 밤이라는 대체적인 리듬에 적응하기만 하면 됐다.

어휘 evolution 진화 internal 내부의 adapt to ~에 적응하다 precise 정확한

[09 – 10] 밑줄 친 부분에 들어갈 말로 가장 적절한 것을 고르시오.

09   Chemical scientists have found many ways of treating paper to make it strong, fireproof, _____ to fluids.

① resisting
② resistance
③ and resist
④ and resistant

10   Some experts say that excessive television viewing is caused by the absence of parents, expressing regret about children without _____ by their parents.

① supervised
② supervising
③ being supervised
④ having supervised

09

정답 ④ and resistant

해설 맥락상 빈칸 자리에는 5형식 동사로 쓰인 make의 목적격 보어로서, it(paper)의 성질을 나타내는 형용사 strong, fireproof와 동일한 급의 단어, 즉 형용사가 등위접속사 and로 병렬되는 것이 자연스럽다. 따라서 빈칸에는 and resistant가 와야 한다.

해석 화학 과학자들은 종이를 튼튼하고, 내화성 있으며, 유체에 강하게 만드는 많은 종이 처리 방식을 발견해 왔다.

어휘 fireproof 내화성의 fluid 유체 resistant to ~에 강한, 저항력 있는

10

정답 ③ being supervised

해설 빈칸은 전치사 without의 목적어 자리로 (동)명사가 올 수 있는데, 타동사인 supervise 뒤에 목적어가 없고 동명사의 의미상 주어인 children이 부모에 의해 '관리되는' 것이므로 빈칸에는 수동형 동명사 being supervised가 와야 한다.

해석 일부 전문가들은 (아이들의) 지나친 텔레비전 시청이 부모의 부재로 인해 발생한다고 하면서, 부모의 관리를 받지 못하는 아이들에 대해 유감을 표한다.

어휘 excessive 지나친 absence 부재 regret 유감 supervise 관리하다

DAY 08

[01 – 05] 밑줄 친 부분이 어법상 옳지 않으면 올바르게 고치시오.

01   The more citizens are alert to the possibility of stolen wallets and pocketbooks, <u>the less</u> thefts there will be.

02   Teachers objected to <u>increase</u> class sizes, worrying it would make it harder to give students the attention they needed.

03   Hardly <u>had the bill passed</u> unanimously when protests erupted in the capital, with citizens demanding its immediate repeal.

04   Many businesses conduct exit interviews with employees not to sell them on staying but <u>finding</u> out why they are quitting.

05   The good-looking man, <u>whom</u> I initially believed was honest and sincere, ultimately broke his word and hurt my feelings, forcing me to reassess my beliefs about his character.

01

정답 the less → the fewer

해설 '~하면 할수록 더 ~하다'라는 뜻의 'the 비교급, the 비교급' 구문이 쓰이고 있다. less는 불가산명사를 수식하는 양 형용사 little의 비교급인데, 여기서는 뒤에 복수가산명사인 thefts가 오고 있다. 따라서 복수가산명사를 수식하는 수 형용사 few의 비교급인 fewer를 써야 한다.

해석 지갑과 핸드백을 도난당할 가능성을 조심하는 시민들이 많을수록, 절도는 더 줄어들 것이다.

어휘 alert 경계하는 pocketbook 핸드백 theft 절도

02

정답 increase → increasing

해설 object to는 '~에 반대하다'라는 뜻을 갖는 동사구인데, 이때 to는 전치사이므로 뒤에 (동)명사가 와야 한다. 여기서는 increase 뒤에 명사구 class sizes가 있으므로, 이를 목적어로 취할 수 있는 동명사 increasing이 쓰여야 한다.

해석 교사들은 학생들이 필요로 하는 관심을 주는 것이 더 어려워질 것을 염려하여 학급 규모를 늘리는 것에 반대했다.

어휘 attention 관심, 주의

03

정답 옳은 문장

해설 '~하자마자 ~했다'라는 뜻의 'Hardly + had + S + p.p. ~ when + S + 과거동사' 구문이 적절하게 쓰였다. 부정부사 hardly가 문두에 와서 주어와 동사가 의문문 어순으로 도치되었다.

해석 그 법안이 만장일치로 통과되자마자 수도에서 시위가 일어나 시민들이 그것의 즉각적인 폐지를 요구했다.

어휘 bill 법안 unanimously 만장일치로 protest 시위 erupt 발발하다 capital 수도 immediate 즉각적인 repeal 폐지, 철회

04

정답 finding → to find

해설 'A가 아니라 B인'이란 뜻의 'not A but B' 상관접속사 구문에서 A 자리에 to 부정사가 쓰이고 있으므로 뒤에도 급이 동일하게 to 부정사가 와야 한다. 참고로 여기서 to 부정사는 목적을 나타내는 부사적 용법으로 쓰였다.

해석 많은 기업이 직원들이 (회사에) 머물도록 납득시키기 위해서가 아니라 그들이 그만두려는 이유를 알아내기 위해 그들과 퇴직자 면담을 한다.

어휘 conduct 행하다 exit interview 퇴직자 면담 sell 납득시키다 quit 그만두다

05

정답 whom → who

해설 I initially believed는 관계사절 내의 삽입절이므로, The good-looking man을 선행사로 받으면서 관계사절 내 동사 was의 주어가 될 수 있는 주격 관계대명사 who가 필요하다.

해석 처음 내가 믿기에는 정직하고 성실했던 그 잘생긴 남자가 결국 약속을 어기고 내 감정을 상하게 해서, 나는 그의 성격에 대한 내 믿음을 재평가하지 않을 수 없었다.

어휘 initially 처음에 sincere 성실한 ultimately 결국 break one's word 약속을 어기다 reassess 재평가하다

[06 – 08] 밑줄 친 부분 중 어법상 옳지 않은 것을 고르시오.

06

If you think of yourself ① <u>as unworthy</u> of great achievement, you will never achieve greatness; however, knowing ② <u>what are your abilities</u> and ③ <u>trying to accomplish</u> everything ④ <u>of which</u> you are capable will certainly give you a better chance of success.

07

An ancient Arabian accidentally invented cheese, and for four thousand years, people ① <u>continued making</u> it to preserve milk's nutrients for long periods. Today, over two thousand types of cheese ② <u>are produced</u> worldwide, so if you tasted a different kind each week, it ③ <u>would take</u> almost forty years ④ <u>to sample</u> them all.

08

The insurance industry spends large sums annually on strategically placed "news" stories to create the impression ① <u>that</u> most of the people who file personal injury claims ② <u>are cheating</u>. These stories depict people exaggerating injuries or staging accidents, causing many to feel too ③ <u>embarrassing</u> to file legitimate claims or to accept less than they deserve when ④ <u>faced</u> with a high-and-mighty insurance adjuster.

06

정답 ②

해설 (what are your abilities → what your abilities are) 의문대명사 what이 간접의문문을 이끌어 knowing의 목적어 역할과 are의 보어 역할을 동시에 하고 있는데, 이때 간접의문문은 '의문사 + S + V'의 어순을 취하므로 what your abilities are가 되어야 한다.

① think가 5형식 동사로 쓰일 때 'think of + O + as 형용사/명사'의 구조를 취할 수 있으므로 as unworthy는 적절하게 쓰였다.

③ 등위접속사 and를 통해 동명사 knowing과 trying이 병렬되고 있으며, '~하기 위해 노력하다'라는 뜻의 'try to RV'가 맥락상 적절하게 쓰였다. '시험 삼아 ~해보다'라는 뜻인 'try RVing'와의 구분에 유의해야 한다.

④ which는 everything을 선행사로 받고 있으며, '전치사 + 관계대명사' 형태인 of which 뒤에 완전한 절이 온 것은 적절하다. 참고로 '~할 수 있다'라는 뜻의 be capable of에서 전치사 of가 앞으로 간 형태이다.

해석 당신이 스스로 크게 성공할 자격이 없다고 생각하면 절대 큰일을 해내지 못할 것이지만, 자기 능력이 무엇인지 알고 자신이 할 수 있는 모든 것을 성취하려고 노력하면 분명 당신이 성공할 확률이 높아질 것이다.

어휘 unworthy 가치[자격] 없는

07

정답 ①

해설 (continued making → have continued making) for four thousand years라는 기간을 나타내는 부사구가 나왔으므로 현재완료시제가 쓰여야 한다. 참고로 continue는 to 부정사와 동명사 모두를 목적어로 취하는 동사이므로 making의 쓰임은 적절하다.

② 문장의 주어인 복수 명사 over two thousand types of cheese가 '생산하는' 것이 아니라 '생산되는' 것이므로 수동태가 적절하게 쓰였다.

③ if절의 과거동사 tasted를 보았을 때 가정법 과거가 쓰이고 있음을 알 수 있으므로, 주절에 '조동사 과거형 + RV'인 would take가 온 것은 적절하다.

④ 'it takes + 시간 + to RV'는 '~하는 데 시간이 걸리다'라는 뜻의 구문으로, 가주어 it과 짝을 이루는 진주어 to sample은 적절하게 쓰였다.

해석 한 고대 아랍인이 우연히 치즈를 발명했고, 4천 년간 사람들은 우유의 영양소를 오랫동안 보존하기 위해 그것을 계속 만들어 왔다. 오늘날 2천 종이 넘는 치즈가 전 세계적으로 생산되고 있어서, 매주 다른 종류의 치즈를 맛본다면 모두 맛보는 데 거의 40년이 걸릴 것이다.

어휘 accidentally 우연히 preserve 보관하다 nutrient 영양소 sample 맛보다

08

정답 ③

해설 (embarrassing → embarrassed) 의미상 주어인 많은 사람이 '민망하게 하는' 것이 아니라 '민망한' 것이므로, 수동의 과거분사 embarrassed가 쓰여야 한다.

① 앞에 impression이라는 추상명사가 나왔고, 뒤에 완전한 문장이 왔으므로 동격을 나타내는 접속사 that이 적절하게 쓰였다.

② are cheating의 주어는 most of the people인데, 부분을 나타내는 most of 뒤에 복수 명사가 나올 경우 동사의 수일치도 복수로 해야 하므로 수일치가 적절히 되었다.

④ 타동사로 쓰인 face 뒤에 목적어가 없으며 분사구문의 의미상 주어인 many가 거만한 사정인을 '직면하는' 것이므로 수동의 과거분사 faced는 적절하게 쓰였다. 참고로 face는 '~에 직면하다'라는 뜻을 나타낼 때 'be faced with'의 형태로 쓰인다.

해석 보험 업계는 개인 상해 보험금을 청구하는 대부분의 사람들이 사기를 치고 있다는 인상을 심기 위해 매년 전략적으로 배치된 "뉴스" 기사에 거액을 들인다. 이러한 기사들은 부상을 과장하거나 사고를 계획하는 사람들을 묘사하여, 많은 사람이 너무 민망함을 느껴서 정당한 보험금을 청구하지 않거나 거만한 보험 사정인을 만났을 때 그들이 받아야 하는 것보다 적게 받게 한다.

어휘 insurance 보험 sum 액수 strategically 전략적으로 impression 인상 file 제기하다 injury 상해, 부상 claim 청구 cheat 사기를 치다 depict 묘사하다 exaggerate 과장하다 stage 꾸미다, 계획하다 legitimate 정당한 deserve 받을 만하다 high-and-mighty 거만한 adjuster 손해 사정인

[09 – 10] 밑줄 친 부분에 들어갈 말로 가장 적절한 것을 고르시오.

09   Various animals in the world have shells, such as a tortoise's, that keep _____ from growing beyond a certain size.

① it

② itself

③ them

④ themselves

10   _____ in line for three hours, much to our disgust, we found that the tickets had been sold out when we reached the window.

① Wait

② Waits

③ Waited

④ Waiting

09

정답 ③ them

해설 맥락상 빈칸은 앞서 나온 복수 명사 animals를 지칭하는 대명사 자리이다. 이때 관계사절 내 동사 keep의 주어는 주격 관계대명사 that의 선행사인 shells인데, 이는 목적어 자리에 올 대명사가 가리키는 animals와 다른 대상이므로 재귀대명사는 쓸 수 없다. 따라서 빈칸에는 복수 대명사 them이 와야 한다.

해석 세상의 다양한 동물들이 거북이의 것처럼 일정 크기 이상으로 자라지 못하게 하는 껍데기를 가지고 있다.

어휘 shell 껍데기 tortoise 거북

10

정답 ④ Waiting

해설 콤마 뒤에 접속사 없이 완전한 절이 온 것으로 보아, 빈칸이 포함된 콤마 앞은 분사구문이 쓰이고 있음을 알 수 있다. 이때 완전자동사 wait는 수동태로 쓸 수 없으며 의미상 주어인 we가 줄을 서서 '기다리는' 것이므로, 빈칸에는 능동의 현재분사 Waiting이 와야 한다.

해석 정나미 떨어지게도 우리가 3시간 동안 줄을 서서 기다리다 창구에 도착했을 때 표가 매진되었다는 것을 알았다.

어휘 much to one's disgust 정나미 떨어지게도 window 창구

[01 – 05] 밑줄 친 부분이 어법상 옳지 않으면 올바르게 고치시오.

01   What patients want is <u>to treat</u> with respect and consideration, which in my experience too few hospitals and doctors bestow.

02   I look upon myself as fortunate in that people I have met are <u>very</u> interesting that I am almost incapable of being bored by them.

03   Lonely people are likely to spend a lot of time by themselves, <u>eating</u> dinner alone, stay home on weekends, and participate in few social activities.

04   As the steep price of real estate makes it even harder to own a home, Koreans have no alternative but <u>living</u> in an apartment, which still doesn't come cheap.

05   The variation in our ambition, prejudices, and affections <u>lead</u> us to accept that the conventions of one generation may prove irrelevant to the needs of future generations.

01

정답 to treat → to be treated

해설 타동사로 쓰인 treat 뒤에 목적어가 없고, 의미상 주어인 patients가 '대우하는' 것이 아니라 '대우받는' 것이므로 수동형 부정사 to be treated 가 쓰여야 한다.

해석 환자들이 원하는 것은 존중과 배려로 대우받는 것인데, 내 경험상 이를 주는 병원과 의사는 거의 없다.

어휘 treat 대우하다 consideration 배려 bestow 주다, 부여하다

02

정답 very → so

해설 현재분사형 형용사 interesting 뒤에 완전한 절을 이끄는 that이 오고 있으며, 문맥상 '너무 ~해서 ~하다'라는 뜻의 'so ~ that' 구문이 쓰여야 하므로 very를 so로 고쳐야 한다.

해석 내가 만난 사람들이 매우 흥미로워 그들 때문에 지루함을 거의 느낄 수 없다는 점에서 나는 내가 운이 좋다고 생각한다.

어휘 fortunate 운 좋은 incapable of ~을 못하는

03

정답 eating → eat

해설 stay와 participate를 보았을 때, eating은 맥락상 'be likely to RV'의 to RV인 to spend, (to) stay, (to) participate와 등위접속사 and로 병렬되고 있음을 알 수 있다. 따라서 eating도 같은 급인 eat으로 고쳐야 한다.

해석 외로운 사람들은 혼자 많은 시간을 보내고, 혼자 저녁을 먹고, 주말에는 집에 있고, 사교 활동에 거의 참여하지 않을 것 같다.

어휘 social 사교의

04

정답 living → to live

해설 'have no alternative but to RV'는 '~하지 않을 수 없다'라는 뜻의 관용 구문으로 to live가 되어야 한다.

해석 너무 비싼 부동산 가격으로 집을 소유하기가 더 어려워지면서, 한국인들은 아파트에서 살 수밖에 없는데, 아파트는 여전히 싸게 나오지 않는다.

어휘 steep 너무 비싼 real estate 부동산 come cheap 싸게 나오다

05

정답 lead → leads

해설 문장의 주어는 단수 명사인 The variation이므로 동사도 그에 수일치하여 단수 동사 leads로 쓰여야 한다.

해석 우리의 야망, 편견, 애정의 변화는 한 세대의 관습이 미래 세대의 요구와 무관한 것으로 드러날 수 있다는 사실을 우리가 받아들이게 한다.

어휘 variation 변화 ambition 야망 prejudice 편견 affection 애정 convention 관습 irrelevant 무관한

[06 – 08] 밑줄 친 부분 중 어법상 옳지 않은 것을 고르시오.

06

Few people in the world are more ① <u>disturbed</u> than Koreans over English; knowing how to communicate in English is one of the most important ② <u>qualifications</u> for Koreans, many of ③ <u>them</u> give up their free time and hard-earned cash to improve their skill, but few know how to go about it ④ <u>effectively</u>.

07

Noise is a subtle pollutant ① <u>that leaves</u> no visible evidence, yet it threatens the health and well-being of ② <u>a number of</u> people who ③ <u>often exposed to</u> dangerous noise levels without knowing it. This noise can originate in the workplace, ④ <u>as well as from</u> factories, trucks, airplanes, motorcycles, lawnmowers, and appliances.

08

The general decided ① <u>not to allow</u> the enemy's forces a return voyage but to send them to the bottom of the sea. ② <u>Directed</u> the battle from the front lines, he ③ <u>was fatally wounded</u> just as the battle was nearly won, but he ordered his aides, "Do not announce my death until the battle is over! Finish off the enemy to the last ④ <u>one</u>!"

06

정답 ③

해설 (them → whom) 콤마 앞뒤로 두 개의 문장이 오고 있는데 접속사가 없다. 따라서 절과 절을 연결하는 접속사 기능이 있고, 앞의 사람 선행사 Koreans를 받는 동시에 전치사 of의 목적어 역할을 하는 목적격 관계대명사 whom이 필요하다.

① 맥락상 주어인 Few people이 영어에 대해 '불안하게 하는' 것이 아니라 '불안해하는' 것이므로 수동의 과거분사형 형용사 disturbed는 적절하게 쓰였다.

② one of 뒤에는 복수 명사가 와야 하므로 qualifications는 적절하게 쓰였다.

④ 부사 effectively가 동사구 go about을 적절하게 수식하고 있다.

해석 세계에서 한국인보다 영어에 대해 더 불안해하는 사람은 거의 없는데, 영어로 소통하는 법을 아는 것은 한국인들에게 가장 중요한 자질 중 하나이며, 그들 중 많은 이들이 실력을 향상하기 위해 자신의 자유 시간과 힘들게 번 돈을 포기하지만, 그것을 효과적으로 시작하는 방법을 아는 사람은 거의 없다.

어휘 disturb 불안하게 하다 qualification 자질 give up 포기하다 hard-earned 힘들게 번 go about 착수하다

07

정답 ③

해설 (often exposed to → are often exposed to) 타동사 expose 뒤에 목적어가 없고, 맥락상 선행사인 people이 위험한 소음 수준에 '노출되는' 것이므로 수동태로 쓰여야 한다.

① 단수 명사 a subtle pollutant를 선행사로 받는 주격 관계대명사 that이 주어가 없는 불완전한 절을 이끌고 있으며, 관계사절의 동사를 단수로 수일치한 것도 적절하다.

② a number of가 복수명사 people을 수식하여 '많은 사람들'이라는 의미를 나타내고 있는 것은 적절하다. 불가산명사를 수식하는 an amount of이나 '~의 수'라는 뜻을 지닌 the number of와의 구별에 유의해야 한다.

④ 'A뿐만 아니라 B도'라는 뜻의 'B as well as A' 상관접속사 구문은 동일한 급의 대상을 병렬하므로, 앞의 전치사구 in the workplace와 동일하게 from이 이끄는 전치사구가 병렬되고 있는 것은 적절하다.

해석 소음은 눈에 보이는 증거를 남기지 않는 감지하기 힘든 오염원이지만, 그것은 (자신도) 모르는 채 위험한 소음 수준에 종종 노출되는 많은 사람의 건강과 안녕을 위협한다. 이러한 소음은 공장, 트럭, 비행기, 오토바이, 잔디 깎는 기계, 가전제품들로부터뿐만 아니라 직장에서도 비롯될 수 있다.

어휘 subtle 감지하기 힘든 pollutant 오염원 threaten 위협하다 well-being 안녕 originate 비롯되다 lawnmower 잔디 깎는 기계 appliance 가전제품

08

정답 ②

해설 (Directed → Directing) 타동사로 쓰인 direct 뒤에 목적어 the battle이 있으며, 분사구문의 의미상 주어인 he가 전투를 '지휘한' 것이므로 능동의 현재분사 Directing이 쓰여야 한다.

① decide는 to 부정사를 목적어로 취하는 동사이며, 부정사의 부정형은 부정어를 부정사 바로 앞에 위치시키므로 not to allow는 적절하게 쓰였다. 참고로 allow는 간접목적어(the enemy's forces)와 직접목적어(a return voyage)를 취하는 4형식 동사로 쓰였다.

③ 맥락상 주어인 He가 '상처를 입은' 것이므로 수동태가 적절하게 쓰였다.

④ one은 앞서 나온 명사 the enemy를 받아, 그와 같은 종류의 한 사람을 나타내는 부정대명사로 적절하게 쓰였다.

해석 그 장군은 적군들의 귀국 항해를 허용하지 않고 그들을 바다 밑바닥에 수장시킬 것을 결심했다. 최전선에서 전투를 지휘하던 그는 막 전투에서 승리할 무렵 치명상을 입었지만 부관들에게 "전투가 끝날 때까지 나의 죽음을 알리지 말라! 마지막 한 사람까지 적을 섬멸하라!"라고 명령을 내렸다.

어휘 general 장군 voyage 항해 front line 최전선 fatally 치명적으로 wound 상처를 입히다 aide 부관, 참모

[09 – 10] 밑줄 친 부분에 들어갈 말로 가장 적절한 것을 고르시오.

09 _____ the choice, a considerable number of college students studying computer science would prefer to be musicians.

① Give
② Given
③ Giving
④ To give

10 Many animals are far more sensitive to vibrations in the ground than humans, and extreme changes in animal behavior can sometimes show that an earthquake will _____.

① be occurred
② occurrence
③ occurring
④ occur

09

정답 ② Given

해설 콤마 뒤에 접속사 없이 완전한 문장이 나오는 것으로 보아, 콤마 앞은 부사구(준동사구)가 되어야 함을 알 수 있다. 이때 맥락상 의미상 주어인 대학생들이 선택권을 '주는' 것이 아니라 '받는' 것이므로 분사든 부정사든 능동형은 적절하지 않다. 따라서 빈칸에는 수동의 과거분사 Given 이 와야 한다. 참고로 4형식 동사로 쓰인 give는 수동태로 전환되어도 뒤에 명사가 오는 것에 유의해야 한다.

해석 선택권이 주어진다면, 컴퓨터 과학을 공부하는 상당수의 대학생들은 음악가가 되기를 선호할 것이다.

어휘 considerable 상당한

10

정답 ④ occur

해설 빈칸은 조동사 will 뒤에 올 동사원형의 자리이며, occur는 수동태로 쓸 수 없는 완전자동사이므로 빈칸에는 occur가 와야 한다.

해석 많은 동물이 사람보다 땅속의 진동에 훨씬 더 민감하고, 동물 행동의 극단적인 변화는 때때로 지진이 일어날 것임을 보여줄 수 있다.

어휘 sensitive 민감한 vibration 진동 earthquake 지진

[01 – 05] 밑줄 친 부분이 어법상 옳지 않으면 올바르게 고치시오.

01 It's about time that the city we live in <u>build</u> more parks for its inhabitants.

02 The middle-class woman is careful to dress up whenever she goes out lest she <u>is not considered</u> insignificant.

03 Only after understanding how an archaeological site has been formed and transformed <u>archaeologists can really learn</u> about the past.

04 <u>Although</u> an increase in the number of people riding bicycles, a report shows that the number of accidents involving bicycles has decreased.

05 People absorbed nearly three times as much of a certain medicine when they chewed it in gum <u>than</u> when they swallowed it in the traditional form.

01

정답 build → built 또는 should build

해설 '~할 시간이다'를 의미하는 It is (about) time 가정법은 'It is (about) time + S + 과거동사' 또는 'It is (about) time + S + should + RV'의 형태로 쓰이며, 후자의 경우엔 should를 생략할 수 없다.

해석 우리가 사는 도시가 주민들을 위해 공원을 더 조성해야 할 때이다.

어휘 inhabitant 주민

02

정답 is not considered → (should) be considered

해설 '~하지 않도록'이라는 뜻의 접속사 lest가 이끄는 절 내의 동사는 '(should) + RV'의 형태를 취하며, 이미 부정의 의미를 내포한 접속사이므로 부정어 not과 함께 쓰일 수 없다.

해석 그 중산층 여성은 자신이 하찮게 여겨지지 않도록 외출할 때마다 옷을 갖춰 입는 데 신중하다.

어휘 dress up 옷을 갖춰 입다 insignificant 중요하지 않은, 하찮은

03

정답 archaeologists can really learn → can archaeologists really learn

해설 'only + 부사구'가 문두에 나올 경우 주어와 동사는 의문문의 어순으로 도치되어야 한다.

해석 고고학적 장소가 어떻게 형성되고 변했는지를 이해하고 나서야 고고학자들은 진정으로 과거에 대해 배울 수 있다.

어휘 archaeological 고고학의 transform 바꾸다

04

정답 Although → Despite

해설 접속사 although 뒤에는 절이 와야 하는데 여기서는 명사구가 오고 있으므로, Although를 같은 뜻을 지닌 전치사 Despite로 고쳐야 한다.

해석 자전거를 타는 사람들의 수가 증가했음에도 불구하고, 한 보고서는 자전거 관련 사고의 수가 감소해 왔음을 보여 준다.

어휘 decrease 감소하다

05

정답 than → as

해설 three times as를 보았을 때, '~배만큼 ~한[하게]'이라는 뜻의 배수사 비교 구문인 '배수사 + as ~ as'가 쓰이고 있으므로 than을 알맞은 상관어구인 as로 고쳐야 한다.

해석 사람들은 특정 약을 전통적인 형태(캡슐)로 삼켰을 때보다 껌으로 씹었을 때 거의 3배 많은 양을 흡수했다.

어휘 absorb 흡수하다 chew 씹다 swallow 삼키다

[06 − 08] 밑줄 친 부분 중 어법상 옳지 않은 것을 고르시오.

06

> Early humans ① <u>were terrified</u> when a total solar eclipse ② <u>took place</u> as they attributed ③ <u>it</u> to the gods' wrath, while we now know the reason is that the moon passes between the Sun and the Earth and ④ <u>cover</u> the Sun fully or partially.

07

> A parade ① <u>is going to hold</u> near an 18-meter Christmas tree ② <u>adorned</u> with 10,000 light bulbs in Disneyland, ③ <u>where</u> visitors can experience enchanting holiday displays, including a glimpse of ④ <u>what</u> Santa Claus does to prepare gifts for kids.

08

> Research shows ① <u>that</u> in more than two-thirds of school shootings the attackers felt ② <u>threatened</u> by other students. In response, many schools across the country ③ <u>have adopted</u> new anti-bullying policies over the past three years to prevent school violence and ultimately stop shootings ④ <u>to occurring</u>.

06

정답 ④

해설 (cover → covers) 맥락상 동사 cover의 주어가 단수 명사인 the moon이고, 등위접속사 and 앞의 passes와 병렬 구조를 이루므로 cover를 단수 동사 covers로 고쳐야 한다.
① 타동사 terrify 뒤에 목적어가 없으며, 주어인 Early humans가 '무섭게 한' 것이 아니라 '무서워한' 것이므로 수동태로 쓰인 것은 적절하다.
② take place는 수동태로 쓸 수 없는 자동사로 적절하게 쓰였다.
③ it은 맥락상 앞서 나온 a total solar eclipse를 가리키는 대명사이므로 단수로 수일치한 것은 적절하다.

해석 초기 인류는 개기 일식이 일어나면 그것이 신의 진노 때문이라고 생각해서 무서워했지만, 지금 우리는 그 이유가 달이 태양과 지구 사이를 지나가면서 태양을 완전히 또는 부분적으로 가리기 때문이라는 것을 알고 있다.

어휘 terrify 무섭게 하다 total solar eclipse 개기 일식 attribute A to B A를 B의 탓으로 보다 wrath 분노

07

정답 ①

해설 (is going to hold → is going to be held) '~할 예정이다'라는 뜻의 미래 대용어구 'be going to RV'가 쓰이고 있는데, 주어인 A parade가 '개최하는' 것이 아니라 '개최되는' 것이므로 수동형 부정사 to be held가 쓰여야 한다.
② adorned with 10,000 light bulbs는 Christmas tree를 수식하는 분사구인데, 타동사인 adorn 뒤에 목적어가 없으며 트리가 전구로 '장식된' 것이므로 수동의 과거분사가 적절하게 쓰였다.
③ 장소 명사인 Disneyland를 선행사로 받는 관계부사 where 뒤에 완전한 절이 오고 있는 것은 적절하다.
④ 의문대명사 what이 of의 목적어 역할과 does의 목적어 역할을 동시에 하고 있는 것은 적절하다.

해석 디즈니랜드에서는 10,000개의 전구로 장식된 18m 높이의 크리스마스트리 근처에서 퍼레이드가 열릴 예정이며, 방문객들은 산타클로스가 아이들의 선물을 준비하기 위해 무엇을 하는지 엿보기를 포함하여 매혹적인 축제용 전시들을 체험할 수 있다.

어휘 hold 개최하다 adorn 장식하다 light bulb 전구 enchanting 매혹적인 glimpse 잠깐 봄

08

정답 ④

해설 (to occurring → from occurring) 'O가 ~하는 것을 막다'라는 뜻은 'stop + O + from RVing' 구문을 사용하여 표현하므로 from occurring이 되어야 한다.
① 동사 shows의 목적어 역할을 하면서 뒤에 완전한 절을 이끄는 명사절 접속사 that이 적절하게 쓰였다.
② 2형식 동사로 쓰인 feel이 분사형 형용사를 보어로 취하고 있는데, 맥락상 주어인 the attackers가 다른 학생들에 의해 '위협받은' 것이므로 수동의 과거분사 threatened는 적절하게 쓰였다.
③ 주어가 복수 명사인 many schools이고, over the past three years라는 기간을 나타내는 부사구가 있으므로 복수 현재완료시제 have adopted는 적절하게 쓰였다.

해석 연구에 따르면 학교 총격 사건 중 3분의 2 이상에서 범인이 다른 학생들로부터 위협을 느꼈던 것으로 드러났다. 이에 대응하여, 지난 3년 동안 전국의 많은 학교가 학교 폭력을 예방하고 궁극적으로는 총격 사건 발생을 막고자 새로운 집단 괴롭힘 방지 정책을 채택해 왔다.

어휘 shooting 총격 threaten 위협하다 adopt 채택하다 anti-bullying 집단 괴롭힘 방지의 ultimately 궁극적으로

[09 ~ 10] 밑줄 친 부분에 들어갈 말로 가장 적절한 것을 고르시오.

09   Experts predict that the new law _____ owners of gasoline vehicles to pay heavy taxes will increase electric vehicle sales.

      ① requires
      ② required
      ③ requiring
      ④ is required

10   The philosopher William James coined the phrase "the will to believe" to express the view that sometimes believing that an event will occur can actually help make it _____.

      ① happening
      ② to happen
      ③ happened
      ④ happen

09

정답 ③ requiring

해설 맥락상 that절 내에 will increase라는 동사가 이미 있으므로, 빈칸에는 준동사가 와야 함을 알 수 있다. 즉, 빈칸부터 taxes까지가 the new law를 수식하는 분사구인데, 타동사 require 뒤에 목적어 owners ~ vehicles와 목적격 보어 to pay가 있고, 의미상으로도 새 법안이 차량 소유자들에게 '요구하는' 것이므로 빈칸에는 능동의 현재분사 requiring이 와야 한다.

해석 전문가들은 휘발유 차량 소유자들에게 무거운 세금을 내도록 요구하는 새 법안이 전기차 판매를 증가시킬 것으로 예상한다.

어휘 tax 세금

10

정답 ④ happen

해설 빈칸은 사역동사로 쓰인 make의 목적격 보어 자리인데, 사역동사 make는 목적어와 목적격 보어의 관계가 능동이면 RV를, 수동이면 p.p.를 목적격 보어로 취한다. 여기서 happen은 수동태로 쓸 수 없는 완전자동사이기에 과거분사로는 쓰일 수 없으며, 의미상으로도 목적어 it이 가리키는 an event가 '일어나는' 것이므로, 빈칸에는 능동을 나타내는 happen이 와야 한다.

해석 철학자 William James는 때때로 어떤 사건이 일어날 것이라고 믿는 것이 실제로 그것이 일어나게 하는 데 도움이 될 수 있다는 견해를 표현하기 위해 "믿으려는 의지"라는 어구를 만들었다.

어휘 coin (새로운 말을) 만들다 phrase 어구, 관용구 will 의지

[01 – 05] 밑줄 친 부분이 어법상 옳지 않으면 올바르게 고치시오.

01   Each of the research results consistently <u>indicate</u> that supplements are not always beneficial.

02   Newfoundland became famous for its cod fisheries, so I was really looking forward to <u>eat</u> cod chowder there.

03   <u>What</u> she said seems to be not so much an opinion as a criticism about the way the company has been operated.

04   It is essential that every student <u>participates in</u> wildlife conservation projects to protect endangered species and their habitats.

05   Finding that the package tour gave him little freedom to explore the country, the man regretted <u>not choosing</u> to travel independently.

01

정답 indicate → indicates

해설 each of 뒤에는 '복수 명사 + 단수 동사'가 와야 하므로 indicate를 단수 동사 indicates로 고쳐야 한다.

해석 각 연구 결과는 보충제가 항상 유익한 것은 아니라는 것을 일관되게 나타낸다.

어휘 consistently 일관하여 supplement 보충제 beneficial 유익한

02

정답 eat → eating

해설 'look forward to RVing'는 '~을 고대하다'라는 뜻의 동명사 관용 표현인데, 이때 to는 전치사이므로 뒤에 동명사 eating이 와야 한다.

해석 뉴펀들랜드가 대구 수산업으로 유명해져서, 나는 그곳에서 대구 차우더를 먹는 것을 정말 고대하고 있었다.

어휘 cod 대구 fishery 수산업 chowder 차우더

03

정답 옳은 문장

해설 선행사를 포함한 관계대명사 What이 본동사 seems의 주어 역할과 said의 목적어 역할을 동시에 하고 있는 것은 적절하다.

해석 그녀가 말했던 것은 의견이라기보다는 회사 운영 방식에 대한 비판처럼 보인다.

어휘 criticism 비판 operate 운영하다

04

정답 participates in → (should) participate in

해설 essential과 같은 이성적 판단의 형용사가 포함된 가주어(It)-진주어(that절) 구문에서, that절 내의 동사는 '(should) + RV'를 사용하므로 (should) participate가 되어야 한다. 참고로 완전자동사 participate는 목적어를 취할 때 전치사를 함께 사용해야 하므로 뒤에 in이 온 것은 적절하다.

해석 멸종 위기종과 그것들의 서식지를 보호하기 위해 모든 학생이 야생 동물 보호 프로젝트에 참여하는 것이 필수적이다.

어휘 wildlife 야생 동물 conservation 보호 endangered 멸종 위기에 처한 habitat 서식지

05

정답 옳은 문장

해설 'regret RVing'는 '~한 것을 후회하다'라는 의미이고, 'regret to RV'는 '~하게 되어 유감이다'라는 의미이다. 맥락상 남자가 패키지여행이 자유롭지 않다는 사실을 경험을 통해 알게 되어 자유 여행을 택하지 않은 과거의 일을 '후회한' 것이 자연스러우므로 not choosing은 적절하게 쓰였다.

해석 패키지여행이 자신에게 그 나라를 탐험할 자유를 거의 주지 않음을 알게 된 그 남자는 자유 여행을 선택하지 않은 것을 후회했다.

어휘 explore 탐험하다 independently 독립적으로, 자유롭게

[06 – 08] 밑줄 친 부분 중 어법상 옳지 않은 것을 고르시오.

06

The mosquito ① <u>that</u> appears to cause harm to humans and even other animals ② <u>is</u> one of the biggest nuisances to endure ③ <u>during</u> summer, but despite being extremely ④ <u>annoyed</u>, it is actually very crucial to the food chain.

07

Carl seemed ① <u>content</u> with me just sitting there, as my company alone helped ② <u>to ease</u> some of his suffering. Both Carl and I ③ <u>were</u> aware that I had nothing to do and nowhere to go, and we watched another white cloud ④ <u>went by</u> together.

08

① <u>Living</u> a relatively privileged life, we can easily lose sight of the basic freedoms we ② <u>take for granted</u>, such as being able to shop at a market without the fear of a bomb, trusting that our justice system will treat us fairly and ③ <u>have</u> confidence that our families and friends ④ <u>will stay alive</u> tomorrow.

06

정답 ④

해설 (annoyed → annoying) 동명사구의 의미상 주어인 it이 가리키는 것은 The mosquito이고, 맥락상 모기가 '짜증 난' 것이 아니라 '짜증 나게 하는' 것이므로 능동의 현재분사 annoying이 쓰여야 한다.

① The mosquito를 선행사로 받는 주격 관계대명사 that이 주어 없는 불완전한 절을 이끌고 있는 것은 적절하다.
② 동사 is의 주어는 단수 명사인 The mosquito이고 that ~ animals는 주어를 수식하는 관계사절이므로, 단수 동사로 수일치한 것은 적절하다.
③ 전치사 during 뒤에 명사 summer가 온 것은 적절하다.

해석 인간과 심지어는 다른 동물들에게도 해를 끼치는 것 같은 모기는 여름철에 가장 견디기 힘든 성가신 존재 중 하나이지만, 극도로 짜증 나더라도 사실은 먹이 사슬에 매우 중대하다.

어휘 nuisance 성가신 것 endure 견디다 annoy 짜증 나게 하다 crucial 중대한

07

정답 ④

해설 (went by → go by 또는 going by) 지각동사 watch는 목적어와 목적격 보어의 관계가 능동이면 RV나 RVing를, 수동이면 p.p.를 목적격 보어로 취한다. 여기서는 another white cloud가 '지나간' 것이므로 목적격 보어에 능동을 나타내는 go by나 going by가 쓰여야 한다.

① 2형식 동사로 쓰인 seem이 형용사 content를 보어로 취하고 있는 것은 적절하다.
② help는 3형식 동사로 쓰일 때 (to) RV를 목적어로 취하므로 to ease는 적절하게 쓰였다.
③ 'A와 B 모두'라는 뜻의 'both A and B' 구문이 주어일 경우 동사의 수는 복수여야 하므로 were의 쓰임은 적절하다.

해석 Carl은 내가 함께 있는 것만으로도 그의 고통 일부를 덜어 주는 데 도움이 되었기 때문에 내가 그저 거기 앉아 있는 것에 만족하는 것 같았다. Carl과 나는 둘 다 내가 할 일도 없고 갈 곳도 없다는 것을 알고 있었고, 우리는 함께 또 다른 흰 구름이 지나가는 것을 지켜보았다.

어휘 content 만족하는 company 함께 있음 ease 덜어 주다 suffering 고통 aware 알고 있는 go by 지나가다

08

정답 ③

해설 (have → having) 맥락상 have가 등위접속사 and로 함께 병렬되고 있는 것은 such as의 목적어인 동명사 being과 trusting으로, treat과 병렬되는 것으로 보면 의미상 어색해진다. 따라서 두 병렬 대상과 동일한 급이 되도록 have를 동명사 having으로 고쳐야 한다.

① 타동사로 쓰인 live 뒤에 목적어가 있으며, 의미상으로도 분사구문의 의미상 주어인 we가 특권적인 삶을 '사는' 것이므로 능동의 현재분사 Living이 쓰인 것은 적절하다.
② the basic freedoms와 we 사이에 목적격 관계대명사가 생략된 구조로 take의 목적어 자리가 비어 있는 것은 적절하다.
④ tomorrow라는 미래 시점 부사가 있으므로 미래시제의 쓰임은 적절하고, 2형식 동사 stay의 보어로 서술적 용법으로만 쓰이는 형용사인 alive가 쓰인 것도 적절하다.

해석 상대적으로 특권을 누리는 삶을 살다 보면, 우리는 폭탄에 대한 두려움 없이 시장에서 물건을 살 수 있는 것, 우리의 사법 제도가 우리를 공정하게 대할 것이라고 믿는 것, 우리의 가족과 친구들이 내일도 살아 있으리라고 확신을 가지는 것과 같은, 우리가 당연시하는 기본적인 자유를 쉽게 잊어버릴 수 있다.

어휘 relatively 상대적으로 privileged 특권을 가진 lose sight of ~을 놓치다, 잊어버리다 take sth for granted ~을 당연시하다 justice system 사법 제도 confidence 확신

[09 – 10] 밑줄 친 부분에 들어갈 말로 가장 적절한 것을 고르시오.

09 The ability to reproduce and to adapt _____ as a special property of living agents along with the ability to respond to external stimuli.

① thought
② is thought
③ thought of
④ is thought of

10 The difficulty that humans seem to have in fully appreciating the separateness of those whom they are close to _____ not only with their parenting but with all of their intimate relationships.

① interfere
② interferes
③ interfering
④ interference

09

④ is thought of

빈칸은 문장의 본동사 자리이다. think가 5형식 동사로 쓰여 'A를 B라고 생각하다'라는 뜻을 나타낼 때 'think of A as B' 구조를 취할 수 있고, 이를 수동태로 전환하면 'A be thought of as B'의 형태가 된다. 여기서는 빈칸 뒤에 목적어가 없고 의미상으로도 The ability가 특성으로 '생각되는' 것이므로, 빈칸에는 수동태인 is thought of가 와야 한다. 이때 전치사 of가 생략되지 않도록 유의해야 한다.

번식하고 적응하는 능력은 외부 자극에 반응하는 능력과 더불어 생명체의 특별한 특성으로 여겨진다.

reproduce 번식하다 adapt 적응하다 property 속성 agent 행위자 external 외부의 stimulus 자극(*pl.* stimuli)

10

② interferes

문맥상 that은 seem to have의 목적어가 없는 불완전한 절을 이끄는 목적격 관계대명사이고, whom은 전치사 to의 목적어가 없는 불완전한 절을 이끄는 목적격 관계대명사이다. 즉, 빈칸은 문장의 본동사 자리이며, 주어는 단수 명사인 The difficulty이므로 그에 수일치하여 빈칸에는 단수 동사 interferes가 와야 한다. 참고로 that절에서는 '~하는 데 어려움을 겪다'라는 뜻의 관용 표현 'have difficulty in RVing'가 쓰이고 있다.

인간이 자신과 가까운 사람들의 개별성을 완전히 이해하는 데 겪는 어려움은 그의 양육뿐만 아니라 모든 친밀한 관계에도 지장을 준다.

appreciate 이해하다, (제대로) 인식하다 separateness 개별성, 개별적임 parenting 양육 intimate 친밀한 interfere with ~에 지장을 주다

DAY 12

[01 – 05] 밑줄 친 부분이 어법상 옳지 않으면 올바르게 고치시오.

01 The spinal column is <u>alike</u> the brain in that its main functions can be classified as either sensory or motor functions.

02 The degree <u>which</u> shyness can create problems for people varies widely from mild social awkwardness to severe social phobia.

03 She <u>gave</u> Pakistan's National Peace Award for her bravery in writing about the difficulties of living in the shadow of the Taliban.

04 A key problem Guus Hiddink confronted was Korea's Confucian system of seniority, depriving coaches and players of the means <u>to reach</u> the highest goals possible.

05 If you want to maximize your success while achieving the best balance in your life, you need to take a fresh look at <u>what do you do</u> with your time before getting to the office.

01

정답 alike → like

해설 '비슷한'이라는 뜻의 alike는 서술적 용법으로만 쓰이는 형용사로, 보어로 쓰이거나 명사를 후치 수식할 수만 있다. 여기서는 뒤에 명사 the brain이 오고 있으므로, alike를 같은 의미를 지니면서 명사를 목적어로 취할 수 있는 전치사 like로 고쳐야 한다.

해석 척추는 주된 기능이 감각 기능이나 운동 기능으로 분류될 수 있다는 점에서 뇌와 같다.

어휘 spinal column 척추 function 기능 classify 분류하다 sensory 감각의 motor 운동의

02

정답 which → to which

해설 관계대명사 which 뒤에는 불완전한 문장이 와야 하는데 여기서는 완전한 문장이 오고 있다. 따라서 which를 완전한 문장을 이끌 수 있는 '전치사 + 관계대명사'로 만들고, 선행사인 The degree와 어울리게끔 전치사 to를 사용하여 to which로 고쳐야 한다.

해석 수줍음이 사람들에게 문제를 일으킬 수 있는 정도는 가벼운 사회적 어색함부터 심각한 사회 공포증까지 매우 다양하다.

어휘 shyness 수줍음 mild 가벼운 awkwardness 어색함 severe 심각한 social phobia 사회 공포증

03

정답 gave → was given

해설 맥락상 주어인 She가 글을 쓴 용기로 인해 상을 '준' 것이 아니라 '받은' 것이므로 수동태인 was given으로 쓰여야 한다. 참고로 4형식 동사로 쓰인 give는 수동태로 전환되어도 뒤에 직접목적어인 명사가 남아 있는 것에 유의해야 한다.

해석 그녀는 Taliban의 그늘에서 생활하는 것의 어려움에 대해 글을 쓴 용기로 파키스탄의 국가평화상을 받았다.

어휘 bravery 용기 shadow 그늘

04

정답 옳은 문장

해설 to reach가 명사 the means를 수식하는 to 부정사의 형용사적 용법으로 쓰이고 있는데, reach는 전치사 없이 목적어를 바로 취하는 완전타동사이므로 적절하게 쓰였다.

해석 Guus Hiddink가 직면한 핵심 문제는 연공서열이라는 한국의 유교 체계였는데, 이는 코치와 선수들에게서 가능한 한 가장 높은 목표에 도달할 수단을 박탈했다.

어휘 confront 직면하다 Confucian 유교의 seniority 연공서열(근속 연수나 나이가 많아짐에 따라 지위가 올라가는 체계)

05

정답 what do you do → what you do

해설 의문대명사 what이 간접의문문을 이끌어 전치사 at의 목적어 역할과 do의 목적어 역할을 동시에 하고 있는데, 이때 간접의문문은 '의문사 + S + V'의 어순을 취하므로 what you do가 되어야 한다.

해석 만약 당신이 인생에서 최상의 균형을 이루며 성공을 극대화하고 싶다면, 사무실에 도착하기 전에 당신의 시간을 어떻게 사용하는지 새롭게 살펴볼 필요가 있다.

어휘 maximize 극대화하다

[06 – 08] 밑줄 친 부분 중 어법상 옳지 않은 것을 고르시오.

06

① <u>Because</u> scientific assessments of whether or not global warming is occurring ② <u>have been</u> inconclusive, it has been difficult to convince the public ③ <u>of</u> this phenomenon is a critical problem that needs ④ <u>addressing</u>.

07

The responsibilities of public servants are as ① <u>diverse</u> as those of the government itself. Public servants could be more ② <u>highly qualified</u>, though this might often not be the case, ③ <u>than</u> professionals in other fields or ④ <u>required</u> few or no qualifications.

08

Total cost analysis allows the company ① <u>to design</u> an appropriate physical distribution system. Storage facilities will be used in physical distribution as long as their costs, including local delivery, ② <u>will be</u> less than the total cost of direct shipments to customers. The reduction in transportation costs ③ <u>arises</u> from consolidated volume shipments to storage facilities ④ <u>combined</u> with small local shipments from warehouse locations to customers.

06

정답 ③

해설 (of → that) convince는 '확신시키다'라는 의미를 나타낼 때 'convince + O + of + 명사(구)' 또는 'convince + O + that절'의 구조를 취할 수 있는데, 여기서는 뒤에 절이 오고 있으므로 전치사 of를 명사절 접속사 that으로 고쳐야 한다.

① 접속사 Because 뒤에 주어(scientific assessments)와 동사(have been)가 있는 절이 오고 있으므로 적절하게 쓰였다.

② have been의 주어는 복수 명사인 scientific assessments이므로 복수 동사로 수일치한 것은 적절하다.

④ need는 목적어로 동명사를 취할 수 있는데, need 뒤에 오는 명사는 능동의 형태이지만 수동의 의미를 가지므로 addressing은 적절하게 쓰였다.

해석 지구 온난화가 일어나고 있는지에 대한 과학적 평가가 결론에 이르지 못했기에, 대중들에게 이 현상이 다뤄질 필요가 있는 중대한 문제라고 확신시키기가 어려웠다.

어휘 assessment 평가 inconclusive 결론에 이르지 못하는 phenomenon 현상 address 다루다

07

정답 ④

해설 (required → require) 맥락상 required가 등위접속사 or로 함께 병렬되고 있는 대상은 조동사 could 뒤의 원형부정사 be이므로, required를 원형부정사 require로 고쳐야 한다.

① 'as ~ as' 원급 비교 구문이 쓰여, 그 사이에 are의 형용사인 diverse가 들어간 것은 적절하다.

② be의 보어로 분사형 형용사가 오고 있는데, Public servants가 '자격을 갖추게 하는' 것이 아니라 '자격을 갖추는' 것이므로 수동의 과거분사 qualified는 적절하게 쓰였으며, '매우'라는 뜻의 부사 highly가 이를 수식하고 있는 것도 적절하다.

③ than은 앞에 나온 비교급 표현 more와 짝을 이루는 상관어구로 적절하게 쓰였다.

해석 공무원의 책무는 정부 자체의 책무만큼이나 다양하다. 비록 종종 아닐 경우도 있겠지만, 공무원은 다른 분야의 전문직보다 더 높은 자격을 갖추거나 자격이 거의 또는 전혀 필요하지 않을 수 있다.

어휘 public servant 공무원 diverse 다양한 qualify 자격을 갖추게 하다 professional 전문직 종사자

08

정답 ②

해설 (will be → are) as long as가 이끄는 조건 부사절에서는 현재시제가 미래시제를 대신하므로, 주어인 복수 명사 their costs에 수일치한 복수 현재시제 are로 쓰여야 한다.

① allow가 5형식 동사로 사용되면 목적격 보어로 to부정사를 취하므로 to design은 적절하게 쓰였다.

③ arise는 '발생하다'라는 뜻의 목적어를 취하지 않는 자동사이고, 주어가 단수 명사인 The reduction이므로 arises는 적절하게 쓰였다.

④ combined 이하는 consolidated volume shipments to storage facilities를 수식하는 분사구인데, 통합 대량 배송이 소규모 현지 배송과 '결합되는' 것이므로 수동의 과거분사 combined는 적절하게 쓰였다. 참고로 여기서 combine은 '결합시키다'라는 뜻의 타동사로 쓰였다.

해석 총비용 분석은 회사가 적절한 물류 체계를 설계할 수 있게 해준다. 보관 시설이 그것의 현지 배송을 포함한 비용이 고객에게 직접 배송하는 총비용보다 적기만 하면 물류에 사용될 것이다. 운송비의 절감이 보관 시설로의 통합 대량 배송과 창고 지점에서 고객에게로의 소규모 현지 배송이 결합되어 발생한다.

어휘 analysis 분석 appropriate 적절 physical distribution 물류 storage 보관 facility 시설 shipment 수송 reduction 감소 transportation 운송 consolidated 통합된 volume 대량의 warehouse 창고

[09 – 10] 밑줄 친 부분에 들어갈 말로 가장 적절한 것을 고르시오.

09   Being told to fetch an unfamiliar object with a name he _____ before, Tom picked out the novel item from among a group of familiar ones.

    ① did not hear
    ② does not hear
    ③ has not heard
    ④ had not heard

10   Most of the research _____ that firstborns are radically different from their younger siblings has been shown to be incorrect or unreliable over time.

    ① claim
    ② claims
    ③ claimed
    ④ claiming

09

정답 ④ had not heard

해설 맥락상 a name과 he 사이에 목적격 관계대명사가 생략된 구조로, 빈칸은 a name을 선행사로 받는 관계사절 내의 동사 자리이다. 이때 분사구문 Being told ~의 시제는 주절의 시제(picked out)와 같은 과거인데, 관계사절 내의 before라는 부사를 보았을 때 그가 이름을 못 들어본 것이 물건을 가져오라는 말을 들은 과거 시점보다 더 이전의 일이므로, 빈칸에는 과거완료시제 had not heard가 와야 한다.

해석 이전에는 들어보지 못한 이름의 낯선 물건을 가져오라는 말을 들은 Tom은 익숙한 물건들 사이에서 그 새로운 것을 골라냈다.

어휘 fetch 가져오다 unfamiliar 낯선 pick out 골라내다 novel 새로운

10

정답 ④ claiming

해설 맥락상 are는 that절 내의 동사이고 has been shown이 문장의 본동사이므로, 빈칸은 the research를 수식하면서 빈칸 뒤의 that절을 목적어로 취할 수 있는 준동사(분사) 자리임을 알 수 있다. 뒤에 목적어가 있으며 연구가 that절의 내용을 '주장하는' 것이므로 빈칸에는 능동의 현재분사 claiming이 와야 한다.

해석 첫째가 동생들과 근본적으로 다르다고 주장하는 대부분의 연구는 시간이 지남에 따라 틀리거나 신뢰할 수 없는 것으로 나타났다.

어휘 radically 근본적으로 sibling 형제자매 incorrect 틀린 unreliable 신뢰할 수 없는

[01 − 05] 밑줄 친 부분이 어법상 옳지 않으면 올바르게 고치시오.

01   Under no circumstances <u>you are allowed</u> to drive after you've had more than one drink.

02   We need to consider some of the factors which discourage young people <u>to marry and have</u> babies.

03   More people speak a variety of Chinese as a native language than any other <u>languages</u> in the world.

04   A stranger stood <u>enough close</u> so that not only could I easily touch him but I could even hear him breathing.

05   The populations of most developing countries grow much faster than <u>that</u> of industrialized countries over time.

01

정답 you are allowed → are you allowed

해설 '어떤 경우에도 ~않다'라는 뜻의 부정부사구 under no circumstances가 문두에 오면 주어와 동사가 의문문의 어순으로 도치되어야 하므로 are you allowed가 되어야 한다.

해석 어떠한 경우에도 당신이 술을 한 잔 이상 마신 후 운전하는 것은 허용되지 않는다.

02

정답 to marry and have → from marrying and having

해설 discourage는 'O가 ~하는 것을 단념시키다'라는 뜻을 나타낼 때 'discourage + O + from RVing'의 형태로 쓰이므로 from marrying and having이 되어야 한다. 참고로 5형식 동사 encourage가 목적격 보어로 to 부정사를 취하는 것과의 구별에 유의해야 한다.

해석 우리는 젊은 사람들이 결혼하고 아이 가지기를 단념케 하는 몇 가지 요인들을 고려할 필요가 있다.

03

정답 languages → language

해설 비교급을 이용하여 최상급을 표현하는 경우, '비교급 ~ than + any other + 단수 명사' 또는 '비교급 ~ than + all the other + 복수 명사' 구조를 취한다. 여기서는 any other가 쓰이고 있으므로 뒤에 단수 명사 language가 와야 한다.

해석 세계 다른 어느 언어보다도 다양한 중국어를 모국어로 사용하는 사람들이 더 많다.

어휘 a variety of 다양한

04

정답 enough close → close enough

해설 enough는 형용사나 부사를 수식할 경우 후치 수식하는데, 여기서는 부사로 쓰인 close를 수식하고 있으므로 close enough의 어순이 되어야 한다.

해석 어떤 낯선 사람이 내가 그에게 쉽게 닿을 수 있을 뿐만 아니라 심지어 그가 숨 쉬는 소리를 들을 수도 있도록 충분히 가깝게 서 있었다.

어휘 breathe 숨 쉬다

05

정답 that → those

해설 맥락상 비교급 표현 faster than의 비교 대상은 '개발 도상국의 인구'와 '산업국의 인구'이므로, that을 복수 명사인 The populations를 지칭하도록 복수 지시대명사 those로 고쳐야 한다.

해석 대부분의 개발 도상국 인구는 시간이 지나면서 선진국 인구보다 훨씬 빠르게 증가한다.

어휘 developing country 개발 도상국 industrialized 산업화된

[06 – 08] 밑줄 친 부분 중 어법상 옳지 않은 것을 고르시오.

06

Paintings in ancient Korean tombs indicate that Taekwondo ① <u>was practiced</u> in Korea since about 50 B.C., and records of a group of young warriors ② <u>called</u> Hwarang ③ <u>explain</u> how these young men ④ <u>were taught</u> Taekkyon, an early form of Taekwondo.

07

He looked up and saw an overturned truck on the bridge above. The accident was ① <u>so</u> severe that all the money the truck ② <u>was carried</u> spilled onto the road. He saw people ③ <u>running</u> from all directions and shouting at ④ <u>each other</u> to hurry and gather the money.

08

Knowing the sounds and their patterns in a language ① <u>constitutes</u> only one part of linguistic knowledge. Knowing a language is knowing that certain sequences of sounds ② <u>signifying</u> certain concepts or meanings. Speakers of English know what *boy* means, and ③ <u>that</u> it is different from *toy* or *girl*. When you know a language, you know words in that language ④ <u>whose</u> sound units are related to specific meanings.

06

정답 ①

해설 (was practiced → has been practiced) '~이래로'라는 뜻의 전치사 since가 쓰이고 있으므로 동사는 현재완료시제가 되어야 한다. 참고로 Taekwondo가 '훈련한' 것이 아니라 '훈련된' 것이므로 수동태로 쓰인 것은 적절하다.

② 의미상 수식 대상인 a group of young warriors가 Hwarang을 '부르는' 것이 아니라 Hwarang이라고 '불리는' 것이므로 수동의 과거분사 called는 적절하게 쓰였다. 5형식 동사로 쓰인 call은 수동태로 전환되어도 뒤에 명사가 오는 것에 유의해야 한다.

③ 동사 explain의 주어는 복수 명사인 records이므로 수일치가 적절하게 되었다.

④ 의미상 these young men이 Taekkyon을 '가르친' 것이 아니라 '배운' 것이므로 수동태로 쓰인 것은 적절하다. 4형식 동사로 쓰인 teach는 수동태로 전환되어도 뒤에 명사가 오는 것에 유의해야 한다.

해석 한국 고대 무덤 속 그림들은 기원전 50년경부터 한국에서 태권도가 수련되어 왔음을 나타내며, 화랑이라고 불리는 젊은 전사들에 관한 기록들은 이 젊은이들이 태권도의 초기 형태인 택견을 어떻게 배웠는지에 관해 설명해 준다.

어휘 ancient 고대의 tomb 무덤

07

정답 ②

해설 (was carried → was carrying) 문맥상 all the money와 the truck 사이에 목적격 관계대명사가 생략되어 타동사로 쓰인 carry의 목적어 자리가 비어 있는 구조로, 트럭이 돈을 '운반하고 있던' 것이므로 능동태 was carrying이 되어야 한다.

① '너무 ~해서 ~하다'라는 뜻의 'so ~ that' 구문이 적절하게 쓰였다.

③ 지각동사 see는 목적어와 목적격 보어의 관계가 능동이면 RV나 RVing를, 수동이면 p.p.를 목적격 보어로 취하는데, 여기서는 people이 '달린' 것이므로 능동을 나타내는 running이 쓰인 것은 적절하다.

④ each other는 '서로'라는 뜻의 대명사로, 전치사 at의 목적어로 쓰인 것은 적절하다.

해석 그는 고개를 들어 위의 다리에서 전복된 트럭을 보았다. 사고는 너무 심각해서 트럭이 운반하고 있던 돈이 모두 도로에 쏟아졌다. 그는 사람들이 사방에서 달려와 서로에게 빨리 돈을 모으라고 소리치는 것을 보았다.

어휘 overturned 전복된 spill 쏟아지다

08

정답 ②

해설 (signifying → signify) 명사절 접속사 that 뒤에는 주어와 동사가 있는 완전한 절이 와야 하는데 여기서는 동사가 없으므로, 준동사 signifying을 주어 certain sequences에 수일치한 복수 동사 signify로 고쳐야 한다.

① 주어가 동명사인 Knowing이므로 동사를 단수로 수일치한 것은 적절하다.

③ 동사 know의 목적어로 의문사 what이 이끄는 절과 접속사 that이 이끄는 절이 등위접속사 and를 통해 병렬된 구조로, that 뒤에 완전한 절이 오고 있는 것은 적절하다.

④ words를 선행사로 받는 소유격 관계대명사 whose 뒤에 명사 sound units와 함께 완전한 절이 온 것은 적절하다.

해석 언어의 소리와 그 패턴을 아는 것은 언어 지식의 한 부분만을 구성한다. 언어를 안다는 것은 특정 소리의 연속이 특정 개념이나 의미를 나타낸다는 것을 아는 것이다. 영어 사용자들은 '소년'이 무엇을 의미하는지, 그리고 그것이 '장난감'이나 '소녀'와는 다르다는 것을 알고 있다. 언어를 알 때 소리 단위가 특정 의미와 관련된 그 언어의 단어들을 아는 것이다.

어휘 constitute 구성하다 linguistic 언어의 sequence 연속, 배열 signify 나타내다 specific 특정한

[09 – 10] 밑줄 친 부분에 들어갈 말로 가장 적절한 것을 고르시오.

09 _____ to represent the literary society, he gave a short acceptance speech.

① Selection

② Selecting

③ Selective

④ Selected

10 Some organisms try to avoid _____ as prey by the animals that want to eat them, either through camouflage or by mimicking another distasteful or more dangerous species.

① to detect

② detecting

③ to be detected

④ being detected

09

정답 ④ Selected

해설 빈칸은 부사절의 주어와 주절의 주어가 같아 생략된 분사구문의 자리이다. 이때 생략된 being의 보어로 명사 Selection이나 형용사 Selective 가 온다고 보면 의미상 어색해지고, 빈칸 뒤에 목적어가 없으며 의미상 주어인 he가 대표하도록 '선정된' 것이므로 빈칸에는 수동의 과거분사 Selected가 와야 한다.

해석 문학회를 대표하도록 선정된 그는 짧은 수락 연설을 했다.

어휘 represent 대표하다 literary 문학의 acceptance 수락 selective 선택적인

10

정답 ④ being detected

해설 빈칸은 avoid의 목적어 자리로 동명사가 와야 하는데, 빈칸 뒤에 목적어가 없고 의미상 주어인 Some organisms가 '발견하는' 것이 아니라 '발견되는' 것이므로, 빈칸에는 수동형 동명사 being detected가 와야 한다.

해석 어떤 생물들은 위장을 통해서 또는 다른 맛없거나 더 위험한 종을 흉내 냄으로써 자신들을 먹고 싶어 하는 동물들에게 먹잇감으로 발견되는 것을 피하려고 노력한다.

어휘 prey 먹이 camouflage 위장 mimic 흉내 내다 distasteful 맛없는, 불쾌한 detect 발견하다

[01 – 05] 밑줄 친 부분이 어법상 옳지 않으면 올바르게 고치시오.

01   Only <u>can buses use</u> the bus lane on the highway to ensure smooth traffic flow.

02   In a study, the subjects <u>were offered</u> the choice of watching a popular movie.

03   <u>The way how</u> the team managed to overcome such a difficult challenge remains a mystery.

04   Building a park full of dinosaurs <u>would have been</u> a really cool idea were it not for a few problems.

05   No matter what your children's ages are, you should <u>discuss about</u> topics such as their school, friends, interests, and activities together with them.

01

정답 can buses use → buses can use

해설 only가 명사나 대명사 주어를 수식하는 형용사로 쓰일 때는 도치가 일어나지 않는다. 'only + 부사'가 문두에 오는 경우에만 도치되는 것에 유의해야 한다.

해석 원활한 교통 흐름을 보장하기 위해 고속도로에서는 버스만 버스 전용 차선을 이용할 수 있다.

어휘 lane 차선 smooth 원활한

02

정답 옳은 문장

해설 맥락상 주어인 the subjects가 선택권을 '제공한' 것이 아니라 '제공받은' 것이므로 수동태는 적절하게 쓰였다. 4형식 동사로 쓰인 offer는 수동태로 전환되어도 뒤에 직접목적어였던 명사가 오는 것에 유의해야 한다.

해석 한 연구에서 피험자들은 인기 있는 영화를 볼 수 있는 선택권을 제공받았다.

어휘 subject 피험자

03

정답 The way how → The way 또는 How

해설 관계부사 how와 the way는 함께 사용할 수 없으므로 둘 중 하나를 삭제해야 한다.

해석 그 팀이 그렇게 어려운 문제를 어떻게 극복해 냈는지는 미스터리로 남아 있다.

어휘 manage to RV (간신히) ~해내다

04

정답 would have been → would be

해설 '~이 없다면'을 나타내는 가정법 과거인 If it were not for에서 If가 생략되어 도치된 표현인 were it not for가 쓰이고 있으므로, 주절에도 가정법 과거 표현 '조동사 과거형 + RV'가 쓰여야 한다.

해석 공룡들로 가득한 공원을 만드는 것은 몇 가지 문제가 없다면 정말 멋진 생각일 것이다.

05

정답 discuss about → discuss

해설 discuss는 전치사 없이 목적어를 바로 취하는 완전타동사이므로 뒤의 전치사 about을 삭제해야 한다.

해석 자녀들의 나이가 어떻든 당신은 그들의 학교, 친구, 관심사, 활동과 같은 주제를 그들과 함께 의논해야 한다.

어휘 interest 관심사

[06 – 08] 밑줄 친 부분 중 어법상 옳지 않은 것을 고르시오.

06

Thousands of different languages ① <u>are existed</u> in the world, some ② <u>spoken</u> by millions of people and others by only a few, with many people using only one language while some have ③ <u>a little</u> knowledge of two or more languages but aren't able to use ④ <u>them</u> fluently.

07

Batteries ① <u>can be found</u> in a variety of shapes, sizes, and capacities, and ② <u>have evolved</u> from a common necessity to a multi-billion dollar industry. Tiny ones ③ <u>are used to powering</u> devices such as wristwatches and portable electronic devices; ④ <u>much</u> larger ones provide standby power for computer data centers.

08

There is no one in our society ① <u>who</u> is not ethnocentric to some degree ② <u>whatever</u> liberal and open-minded he or she might claim to be. People will always dislike some aspects of another culture, whether it's a way of ③ <u>treating</u> friends or relatives or simply a type of food they cannot enjoy. This is not something we should ④ <u>be ashamed of</u> because it is a natural outcome of growing up in a society.

06

정답 ①

해설 (are existed → exist) exist는 수동태로 쓸 수 없는 완전자동사이므로 능동태 exist로 써야 한다.

② spoken by millions of people은 some을 수식하는 분사구인데, 여기서 some은 languages를 가리키며 언어는 '사용되는' 것이므로 수동의 과거분사 spoken은 적절하게 쓰였다.

③ a little이 불가산명사 knowledge를 수식하여 '약간의 지식'이라는 의미를 나타내고 있는 것은 적절하다. 복수가산명사를 수식하는 a few나 '거의 없는'이라는 뜻을 지닌 little과의 구별에 유의해야 한다.

④ them은 맥락상 앞서 나온 two or more languages를 가리키는 대명사이므로 복수로 수일치한 것은 적절하다.

해석 세상에는 수천 가지의 다양한 언어가 존재하며 수백만 명이 사용하는 언어도 있고 소수만 사용하는 언어도 있는데, 많은 사람이 한 가지 언어만 사용하지만 두 가지 이상의 언어에 관한 약간의 지식은 있지만 유창하게 사용하지는 못하는 사람들도 있다.

어휘 fluently 유창하게

07

정답 ③

해설 (are used to powering → are used to power) 'be used to RVing'는 '~하는 데 익숙하다'라는 뜻의 구문인데, 여기서는 맥락상 작은 배터리들이 전력을 공급하는 데 '사용되는' 것이므로 '~하는 데 사용되다'라는 뜻의 'be used to RV'가 쓰여야 한다.

① 주어인 Batteries가 '발견하는' 것이 아니라 '발견되는' 것이므로 수동태는 적절하게 쓰였다.

② have evolved의 주어는 복수 명사인 Batteries이므로 동사도 복수로 수일치한 것은 적절하다.

④ much는 뒤의 비교급 larger를 수식하는 비교급 강조 부사로 적절하게 쓰였다.

해석 배터리는 다양한 형태, 크기, 용량으로 찾아볼 수 있으며, 일반적인 필수품에서 수십억 달러 규모의 산업으로 발전해 왔다. 작은 배터리는 손목시계와 휴대용 전자기기 같은 기기에 전력을 공급하는 데 사용되며, 훨씬 더 큰 배터리는 컴퓨터 데이터 센터에 대기 전력을 공급한다.

어휘 capacity 용량 necessity 필수품 tiny 아주 작은 power 전력을 공급하다 device 기기 portable 휴대용의 standby power 대기 전력

08

정답 ②

해설 (whatever → however) '~하는 것이면 무엇이든'이라는 뜻의 복합관계대명사 whatever 뒤에는 형용사가 맨 앞으로 온 완전한 절이 올 수 없다. 여기서는 형용사구 liberal and open-minded가 맨 앞으로 온 완전한 절을 이끌 수 있으며, '아무리 ~해도'라는 뜻을 지니는 복합관계부사 however가 쓰여야 한다.

① 사람을 뜻하는 대명사 one을 선행사로 받는 주격 관계대명사 who가 주어 없는 불완전한 절을 이끌고 있는 것은 적절하다.

③ 전치사 of의 목적어 자리에 friends or relatives를 목적어로 취하는 능동형 동명사가 오고 있는 것은 적절하다.

④ something과 we 사이에 목적격 관계대명사가 생략된 구조이므로 전치사 of 뒤에 목적어 자리가 비어 있는 것은 적절하다.

해석 우리 사회에서는 아무리 자신이 자유롭고 개방적이라고 주장할지라도 어느 정도는 자기 민족 중심적이지 않은 사람이 없다. 사람들은 친구나 친척을 대하는 방식이든 단순히 즐길 수 없는 음식 종류든, 늘 다른 문화의 어느 측면을 싫어할 것이다. 이는 어느 한 사회에서 자라는 것의 자연스러운 결과이기에 우리가 부끄러워해야 하는 것은 아니다.

어휘 ethnocentric 자기 민족 중심적인 liberal 자유로운, 진보적인 open-minded (마음이) 개방적인 claim 주장하다 relative 친척 ashamed 부끄러운 outcome 결과

[09 – 10] 밑줄 친 부분에 들어갈 말로 가장 적절한 것을 고르시오.

09   Significant delays in the academic calendar the university had planned _____ due to unforeseen weather conditions in early 2021.

① are
② was
③ were
④ has been

10   When the president took office four months ago, he vowed that _____ corruption would be a key aim of his government.

① remove
② removal
③ remover
④ removing

09

정답 ③ were

해설 맥락상 the academic calendar와 the university 사이에는 목적격 관계대명사가 생략되어 있는 구조로, 빈칸은 문장의 본동사 자리이다. 문장의 주어가 복수 명사인 Significant delays이고 in early 2021이라는 과거 시점 부사구가 있으므로, 빈칸에는 복수 과거동사인 were가 와야 한다.

해석 2021년 초에 그 대학이 계획했던 학사 일정이 크게 지연된 것은 예기치 못한 기상 조건 때문이었다.

어휘 significant 상당한 delay 지연 calendar 일정 unforeseen 예측하지 못한

10

정답 ④ removing

해설 '빈칸 + corruption'이 명사절 접속사 that이 이끄는 절 내의 동사 would be의 주어인데, 동사 remove는 주어 역할을 할 수 없고 명사 removal과 remover은 뒤에 명사 corruption이 연속으로 올 수 없으므로 부적절하다. 따라서 빈칸에는 주어 역할을 하는 동시에 corruption을 목적어로 취할 수 있는 동명사 removing이 와야 한다.

해석 그 대통령은 4개월 전 취임했을 때, 부패를 제거하는 것이 정부의 핵심 목표가 될 것이라고 단언했다.

어휘 take office 취임하다 vow 단언하다, 맹세하다 corruption 부패

[01 – 05] 밑줄 친 부분이 어법상 옳지 않으면 올바르게 고치시오.

01   We use nonverbal signals to communicate that we <u>would rather not chat</u> with a stranger.

02   The ease <u>with which</u> the clams can be collected from the shore has almost resulted in their extinction.

03   The number of foreign workers who are legally permitted to enter the country <u>have significantly decreased</u> over the last few years.

04   Mary wanted to be free from the digestive problems and joint pain that kept her from exercising and <u>making</u> her life miserable.

05   It was many years before I ever had the opportunity of close and friendly contact with people whose intellect and culture were superior <u>than my own</u>.

01

정답 옳은 문장

해설 '~하는 것이 낫다'라는 뜻을 지닌 'would rather RV' 구문의 부정은 'would rather not RV'로 표현하므로 would rather not chat은 적절하게 쓰였다.

해석 우리는 낯선 사람과 대화를 나누고 싶지 않다는 것을 전달하기 위해 비언어적인 신호를 사용한다.

어휘 nonverbal 비언어적인 communicate 전달하다

02

정답 옳은 문장

해설 which는 The ease를 선행사로 받고 있으며, '전치사 + 관계대명사' 형태인 with which 뒤에 완전한 절(the clams ~ the shore)이 온 것은 적절하다. 참고로 'with + 추상명사'인 with ease는 '쉽게'라는 뜻의 부사 역할을 한다.

해석 해안에서 조개를 쉽게 채집할 수 있는 용이함이 그것이 거의 멸종에 이르게 했다.

어휘 clam 조개 shore 해안 result in ~을 초래하다 extinction 멸종

03

정답 have significantly decreased → has significantly decreased

해설 the number of는 '~의 수'라는 의미인데, 문장의 주어인 The number가 단수 명사이므로, 동사의 수일치도 단수로 해야 한다. 참고로 여기서 decrease는 자동사로 쓰였으며, over the last few years라는 기간을 나타내는 부사구가 있으므로 능동형 현재완료시제로 쓰인 것은 적절하다.

해석 법적으로 입국이 허용되는 외국인 근로자의 수가 지난 몇 년 동안 많이 감소해 왔다.

어휘 legally 법적으로 significantly 크게

04

정답 making → made

해설 맥락상 주격 관계대명사 that의 선행사인 the digestive problems and joint pain이 그녀가 자신의 삶을 비참하게 만들지 못하도록 막는 것이 아니라, 그것들이 그녀의 삶을 비참하게 만드는 것이므로, making이 등위접속사 and로 병렬되는 대상은 exercising이 아닌 kept임을 알 수 있다. 따라서 kept와 동일한 급인 과거동사 made가 되어야 한다. 참고로 'keep + O + from RVing'는 'O가 ~하는 것을 막다'라는 뜻의 구문이며, make는 5형식 동사로 쓰이고 있다.

해석 Mary는 운동을 못 하게 하고 자신의 삶을 비참하게 만드는 소화 장애와 관절통에서 벗어나기를 원했다.

어휘 digestive 소화의 joint 관절 miserable 비참한

05

정답 than my own → to my own

해설 라틴어에서 유래한 비교급 superior는 비교 대상 앞에 than이 아닌 to를 쓴다. 참고로 비교 대상이 '사람들의 지성 및 문화'와 '나의 지성 및 문화'이므로 my own이라는 소유격 표현을 쓴 것은 적절하다.

해석 여러 해가 지난 후에야 나는 지성과 문화가 내 것보다 뛰어난 사람들과의 친밀하고 우호적인 교제의 기회를 얻게 되었다.

어휘 intellect 지성

[06 - 08] 밑줄 친 부분 중 어법상 옳지 않은 것을 고르시오.

06

The oceans are dark places ① <u>where</u> your eyesight will be ineffective as soon as you ② <u>go</u> deep down, causing survival ③ <u>to be impossible</u> for humans who rely on visual stimuli; for dolphins, however, the darkness is insignificant — ④ <u>it</u> truly matters is sound.

07

Young people are getting taller ① <u>compared</u> to the average adult. A new style of buses ② <u>should have introduced</u> earlier with this in mind, but there ③ <u>has been</u> no consideration for the difficulties young people face. Now it is high time that we ④ <u>made</u> a plan for addressing their needs.

08

We once denied minorities access to the ballot box, and now we deny ① <u>them</u> access to good educational opportunities and capital. Minorities do not ② <u>contribute to</u> the U.S. economy in proportion to their representation in the U.S. population because they cannot. The desire among minorities to own successful businesses ③ <u>are</u> strong enough, but many barriers remain ④ <u>intact</u>. This situation needs to change.

06

정답 ④

해설 (it → what) 동사가 2개(matters, is)이므로 접속사 역할을 할 수 있는 것이 필요하다. matters가 동사인 종속절을 이끌면서 matters와 본동사 is의 주어 역할을 동시에 할 수 있어야 하므로, 선행사를 포함한 관계대명사 what이 쓰여야 한다.

① 장소 명사 dark places를 선행사로 받는 관계부사 where 뒤에 완전한 절이 오고 있으므로 적절하게 쓰였다.

② as soon as가 이끄는 시간 부사절에서는 현재시제가 미래시제를 대신하므로 go는 적절하게 쓰였다.

③ cause가 5형식 동사로 사용되면 목적격 보어로 to 부정사를 취하므로 to be impossible은 적절하게 쓰였다.

해석 바다는 깊숙이 들어가자마자 시력이 효력 없어질 어두운 곳으로, 시각적 자극에 의존하는 인간은 생존할 수 없게 하지만, 돌고래에게는 어둠이 대수롭지 않고 진정 중요한 것은 소리이다.

어휘 ineffective 효력 없는 stimulus 자극(*pl.* stimuli) insignificant 대수롭지 않은 matter 중요하다

07

정답 ②

해설 (should have introduced → should have been introduced) '~했어야 했는데 (안 했다)'라는 과거에 대한 후회를 나타내는 'should have p.p.'가 쓰이고 있는데, 타동사 introduce 뒤에 목적어가 없으며 주어인 A new style of buses가 '도입하는' 것이 아니라 '도입되는' 것이므로 수동태로 쓰여야 한다.

① 분사구문인 compared 이하의 의미상 주어인 Young people이 평균 성인과 '비교되는' 것이므로 수동의 과거분사 compared는 적절하게 쓰였다. 참고로 'A를 B와 비교하다'라는 뜻의 'compare A to B' 구문을 수동태로 바꾸면 'A be compared to B' 형태가 된다.

③ 유도부사 there이 문두에 오면서 주어와 동사가 도치된 것으로, 주어인 단수 명사 no consideration에 수일치한 단수 동사 has been은 적절하게 쓰였다.

④ '~할 시간이다'를 의미하는 it is (high) time 가정법은 'it is (high) time + S + 과거동사' 또는 'it is (high) time + S + should + RV'의 형태로 쓰이므로, 과거동사 made는 적절하게 쓰였다.

해석 젊은 사람들은 평균 성인보다 키가 점점 더 커지고 있다. 이를 염두에 두고 새로운 형태의 버스가 더 일찍이 도입되었어야 했지만, 젊은 사람들이 겪는 어려움은 고려되지 않았었다. 이제는 그들의 요구를 해결하기 위한 계획을 세워야 할 때이다.

어휘 average 평균의 with sth in mind ~을 염두에 두고 consideration 고려 address 해결하다

08

정답 ③

해설 (are → is) 문장의 주어는 단수 명사인 The desire이므로 그에 수일치하여 단수 동사 is로 쓰여야 한다.

① them은 맥락상 앞서 나온 복수 명사 minorities를 가리키는 대명사이므로 복수로 수일치한 것은 적절하다.

② contribute는 '~에 기여하다'라는 뜻을 나타낼 때 자동사로 쓰여, 목적어를 취하려면 전치사를 함께 사용해야 하므로 뒤에 to가 온 것은 적절하다.

④ 2형식 동사로 쓰인 remain이 형용사 intact를 보어로 취하고 있는 것은 적절하다.

해석 우리는 한때 소수들의 투표함 접근을 거부했고, 이제는 그들의 좋은 교육 기회와 자본에 대한 접근을 거부한다. 소수자들은 미국 인구에서 그들이 차지하는 비율에 비해 미국 경제에 기여하지 않고 있는데, 왜냐하면 그들이 그럴 수 없기 때문이다. 성공적인 사업체를 소유하려는 소수자들의 열망은 충분히 강하지만 여전히 많은 장벽이 그대로 남아 있다. 이러한 상황은 바뀌어야 한다.

어휘 deny 거부하다 minority 소수 (집단) ballot box 투표함 capital 자본 in proportion to ~에 비례하여 representation 대표, 나타낸 것 own 소유하다 barrier 장벽 intact 온전한

[09 – 10] 밑줄 친 부분에 들어갈 말로 가장 적절한 것을 고르시오.

09   It is natural that our team _____ the first prize, considering the efforts that we have made every day for so long.

　　① grant
　　② grants
　　③ is granted
　　④ be granted

10   _____ I visited the company earlier, I could have obtained enormous help from lots of different sectors of its management.

　　① If
　　② Had
　　③ Were
　　④ Should

09

정답 ④ be granted

해설 natural과 같은 이성적 판단의 형용사가 포함된 가주어(It)-진주어(that절) 구문에서 that절 내의 동사는 '(should) + RV'를 사용하며, 문맥상 our team이 1등 상을 '주는' 것이 아니라 '받는' 것이 당연한 것이므로 수동태로 쓰여야 한다. 따라서 빈칸에는 be granted가 와야 한다. 참고로 4형식 동사로 쓰인 grant가 수동태로 전환되면서 뒤에 직접목적어인 명사 the first prize가 남아 있는 형태이다.

해석 우리가 오랫동안 매일 노력해 온 점을 고려하면 우리 팀이 1등 상을 받는 것은 당연하다.

어휘 considering ~을 고려하면 grant 주다

10

정답 ② Had

해설 주절에 '조동사 과거형 + have p.p.'인 could have obtained가 있으므로 가정법 과거완료가 쓰이고 있는 문장이다. 이때 종속절에는 'If + S + had p.p.'의 구조가 쓰여야 하는데 여기서는 I visited만 있으므로, 가정법 과거완료에서 if가 생략된 도치 표현인 'Had + S + p.p.'의 형태로 쓰인 문장임을 알 수 있다. 따라서 빈칸에는 Had가 와야 한다.

해석 더 일찍 그 회사를 방문했었다면, 나는 회사 경영의 여러 부문에서 엄청난 도움을 받을 수 있었을 것이다.

어휘 obtain 받다 enormous 엄청난 sector 부문

[01 – 05] 밑줄 친 부분이 어법상 옳지 않으면 올바르게 고치시오.

01   They scarcely had enough money to pay the rent, <u>still more</u> to buy a new car.

02   However <u>necessary</u> pollution control measures turn out, many industries hesitate to adopt them.

03   My father never minded spending much money <u>educating</u> his children, but he didn't want to spend on anything else.

04   High and low hills throughout the region, each with its own unique shape, <u>adds to</u> the overwhelming nature of the landscape.

05   <u>Because</u> the high rate of blood flow to certain parts of the brain, these areas are able to process information more quickly and efficiently.

01

정답 still more → still less

해설 '~은 말할 것도 없이'라는 뜻의 비교급 관용 구문으로 긍정문에서는 much[still] more를, 부정문에서는 much[still] less를 사용한다. 여기서는 주어진 문장이 부정부사 scarcely가 쓰인 부정문이므로 still less가 쓰여야 한다.

해석 그들은 새 차를 살 돈은 말할 것도 없고 집세를 낼 돈도 거의 없었다.

어휘 rent 집세

02

정답 옳은 문장

해설 복합관계부사 however가 이끄는 절은 'however + 형용사/부사 + S + V'의 구조를 취하는데, 여기서 2형식 동사로 쓰인 turn out의 보어로 형용사 necessary가 쓰인 것은 적절하다.

해석 아무리 오염통제 조치가 필요한 것으로 밝혀져도, 많은 업계에서 이를 채택하는 것을 주저한다.

어휘 measure 조치 hesitate 주저하다 adopt 채택하다

03

정답 옳은 문장

해설 'spend + 돈 + (in) RVing'는 '돈을 ~하는 데 쓰다'라는 뜻의 구문이므로, educating은 적절하게 쓰였다.

해석 내 아버지는 자식들을 교육하는 데 많은 돈을 쓰는 것은 전혀 신경 쓰지 않으셨지만 다른 데는 쓰고 싶지 않아 하셨다.

어휘 mind 신경 쓰다, 싫어하다

04

정답 adds to → add to

해설 문장의 주어는 복수 명사인 hills이므로 그에 수일치하여 복수 동사 add to로 쓰여야 한다.

해석 그 지역 곳곳의 높고 낮은 언덕들이 저마다 고유한 형태를 띠어 압도적인 자연 풍경을 더한다.

어휘 overwhelming 압도적인 landscape 풍경

05

정답 Because → Because of

해설 접속사 because 뒤에는 절이 와야 하는데, 여기서는 명사구인 the high rate of blood flow만 오고 있으므로 Because를 전치사 Because of로 고쳐야 한다. 참고로 flow를 동사로 보는 것은 앞의 단수 명사 the high rate와 수일치가 맞지 않으므로, blood flow라는 복합 명사로 보는 것이 적절하다.

해석 뇌의 특정 부위로 가는 많은 혈류량으로 인해, 이 부위들은 정보를 더 빠르고 효율적으로 처리할 수 있다.

어휘 blood flow 혈류(량) efficiently 효율적으로

[06 – 08] 밑줄 친 부분 중 어법상 옳지 않은 것을 고르시오.

06

After ① <u>graduating from</u> Wesleyan University, David ② <u>had set up</u> a business management consultancy in 1963, and 24 years later, he became a research professor of psychology, a position ③ <u>which</u> he held ④ <u>until</u> his death at the age of 80.

07

One-half of Americans today ① <u>are</u> overweight. Many people believe that skipping breakfast helps them ② <u>control</u> calories since it eliminates a meal, but it is no use ③ <u>to follow</u> this approach as those who skip breakfast may find themselves ④ <u>eating</u> more at lunch.

08

Scientific research tries ① <u>to provide</u> greater certainty than belief or reason alone. Scientists must be skeptics who need to be convinced, and cynics who ② <u>are believed</u> that people may wittingly or unwittingly deceive one another. Research results aren't considered ③ <u>reliable</u> if there are plausible alternative explanations. Researchers are responsible for ruling out all viable alternatives and ④ <u>identifying</u> flaws in others' work.

06

정답 ②

해설 (had set up → set up) in 1963이라는 명백한 과거 시점 부사구가 있으므로 과거시제인 set up으로 쓰여야 한다.

① 완전자동사 graduate는 목적어를 취할 때 전치사를 함께 사용해야 하므로 뒤에 from이 온 것은 적절하며, 전치사 After의 목적어 자리에서 동명사 graduating으로 쓰인 것도 적절하다.

③ 관계대명사 which가 a position을 선행사로 받아 held의 목적어가 없는 불완전한 절을 이끌고 있는 것은 적절하다.

④ until은 동작의 지속, by는 동작의 완료를 나타내는 표현과 함께 사용된다. 여기서는 동작의 지속을 나타내는 held가 있으므로 until의 쓰임은 적절하다.

해석 David는 Wesleyan 대학교를 졸업한 후 1963년에 기업 경영 자문 회사를 설립했고, 24년 후에는 심리학 연구 교수가 되어 80세의 나이로 사망할 때까지 그 직책을 유지했다.

어휘 set up 설립하다 consultancy 자문 회사 psychology 심리학

07

정답 ③

해설 (to follow → following) '~해도 소용없다'라는 뜻을 나타낼 때는 'it is no use RVing' 구문을 사용하므로 to follow를 following으로 고쳐야 한다.

① '부분명사 of 전체명사'가 주어로 오는 경우 of 뒤의 명사에 동사를 수일치시키므로, 복수 명사 Americans에 수일치한 복수 동사 are의 쓰임은 적절하다.

② 준사역동사 help는 '(to) RV'를 목적격 보어로 취하므로 control의 쓰임은 적절하다.

④ 5형식 동사로 쓰인 find가 형용사 역할을 할 수 있는 분사를 목적격 보어로 취하고 있는데, 그들이 더 많이 '먹는' 것이므로 능동의 현재분사 eating은 적절하게 쓰였다.

해석 오늘날 미국인의 절반은 과체중이다. 많은 사람이 아침을 거르는 것이 한 끼를 없애서 그들이 칼로리를 조절하는 데 도움이 된다고 믿지만, 아침을 거르는 사람들은 점심에 더 많이 먹게 될 수 있으므로 이 방법을 따르는 것은 아무 소용이 없다.

어휘 overweight 과체중의 skip 건너뛰다 eliminate 없애다

08

정답 ②

해설 (are believed → believe) 타동사 believe 뒤에 목적어인 that절이 있고, 주격 관계대명사 who의 선행사인 cynics가 '믿어지는' 것이 아니라 '믿는' 것이므로 능동형인 believe로 쓰여야 한다.

① 'try to RV'는 '~하기 위해 노력하다'라는 뜻의 표현으로 맥락상 적절하게 쓰였다. '시험 삼아 ~해보다'라는 뜻인 'try RVing'와의 구분에 유의해야 한다.

③ consider는 5형식 동사로 쓰여 'consider + O + 형용사'의 구조를 취할 수 있는데, 수동태로 전환하면 'be considered + 형용사' 형태가 된다.

④ 맥락상 identifying이 등위접속사 and로 ruling out과 병렬되어 전치사 for의 목적어 역할을 하고 있는 것은 적절하다.

해석 과학적 연구는 믿음이나 이성 자체보다 더한 확실성을 제공하려고 노력한다. 과학자들은 설득되어야 할 필요가 있는 회의론자이자 사람들이 고의로나 부지불식간에 서로를 속일 수 있다고 믿는 냉소주의자여야 한다. 만약 그럴듯한 대체 가능한 설명이 있다면 연구 결과는 신뢰할 수 있는 것으로 간주되지 않는다. 연구자들은 실행 가능한 모든 대안을 배제하고 다른 사람들의 연구에서 결함을 발견할 책임이 있다.

어휘 certainty 확실성 skeptic 회의론자 cynic 냉소주의자 wittingly 고의로 deceive 속이다 plausible 그럴듯한 alternative 대체 가능한; 대안 rule out 배제하다 viable 실행 가능한 identify 발견하다 flaw 결함

[09 - 10] 밑줄 친 부분에 들어갈 말로 가장 적절한 것을 고르시오.

09   Families have lived in the same geographical region for generations, _____ the structure of traditional family life.

① preserve
② preserved
③ preserving
④ preservation

10   In _____ formulating a strategy, the company must consider the impact of technology on customer preferences and markets.

① effect
② effective
③ efficiency
④ effectively

09

정답 ③ preserving

해설 콤마 뒤에 접속사가 없는 것으로 보아, 빈칸 이하는 분사구문의 주어가 주절의 주어와 같아 생략된 분사구문임을 알 수 있다. 이때 빈칸 뒤에 목적어가 있으며, 의미상 주어인 Families가 전통적인 가족생활의 구조를 '보존하는' 것이므로, 빈칸에는 능동의 현재분사 preserving이 와야 한다.

해석 가족들은 여러 세대 동안 지리적으로 같은 지역에 거주해 오면서 전통적인 가족생활의 구조를 보존하고 있다.

어휘 geographical 지리적인 traditional 전통적인 preserve 보존하다

10

정답 ④ effectively

해설 맥락상 formulating은 a strategy를 목적어로 취하면서 전치사 In의 목적어 역할을 하는 동명사이고, 빈칸이 그 동명사를 수식해야 한다. 동명사를 수식할 수 있는 것은 부사이므로 빈칸에는 effectively가 와야 한다.

해석 전략을 효과적으로 세우는 데 있어, 회사는 기술이 고객 선호도와 시장에 미치는 영향을 고려해야 한다.

어휘 formulate (세심히) 만들어 내다

[01 – 05] 밑줄 친 부분이 어법상 옳지 않으면 올바르게 고치시오.

01   I'll bring some sandwiches in case we <u>won't find</u> a decent restaurant to eat at.

02   Napoleon is known <u>to have lost</u> the battle of Waterloo because of his painful disease.

03   One of my greatest pleasures a few years ago <u>was</u> listening to his being interviewed on the radio.

04   When people compare themselves to others on social media, they often become <u>depressing</u> as they focus solely on others' highlights.

05   Not only <u>engineers must fashion</u> a can that will hold the drink without allowing it to leak, but they must also make the can easy to open.

01

정답 won't find → don't find
해설 in case가 이끄는 조건 부사절에서는 현재시제가 미래시제를 대신하므로 won't find를 don't find로 고쳐야 한다.
해석 우리가 식사할 괜찮은 식당을 찾지 못할 경우에 대비하여 나는 샌드위치 몇 개를 가져갈 것이다.
어휘 decent 괜찮은

02

정답 옳은 문장
해설 Napoleon이 전투에서 진 시점이 그렇게 알려진 시점(현재)보다 더 이전이므로 완료부정사 to have lost는 적절하게 쓰였다.
해석 Napoleon은 고통스러운 병 때문에 Waterloo 전투에서 패배했다고 알려져 있다.

03

정답 옳은 문장
해설 one of 뒤에는 '복수 명사 + 단수 동사'가 와야 하므로 단수 동사 was는 적절하게 쓰였다.
해석 몇 년 전 나의 가장 큰 즐거움 중 하나는 그가 라디오에서 인터뷰에 응하는 것을 듣는 것이었다.
어휘 pleasure 즐거움

04

정답 depressing → depressed
해설 2형식 동사 become이 분사형 형용사를 보어로 취하고 있는데, 맥락상 주어인 they가 '우울하게 하는' 것이 아니라 '우울해지는' 것이므로 수동의 과거분사 depressed가 쓰여야 한다.
해석 사람들이 소셜 미디어에서 자신을 다른 사람들과 비교할 때, 그들은 다른 사람들의 가장 좋은 점에만 집중하기 때문에 우울해지는 경우가 많다.
어휘 depress 우울하게 하다 solely 오로지 highlight 가장 좋은[흥미로운] 부분

05

정답 engineers must fashion → must engineers fashion
해설 'A뿐만 아니라 B도'라는 뜻의 'not only A but also B' 구문이 사용되고 있는데, 문두에 부정어인 not only가 나왔으므로 주어와 동사가 의문문의 어순으로 도치되어야 한다.
해석 공학자는 음료가 새지 않게 담을 수 있는 캔을 만들어야 할 뿐만 아니라 그 캔을 쉽게 열리게 만들기도 해야 한다.
어휘 fashion 만들다 leak 새다

[06 – 08] 밑줄 친 부분 중 어법상 옳지 않은 것을 고르시오.

06

While ① <u>deciding</u> what type of furniture ② <u>to buy</u>, the family should also keep the fundamentals of decorating in mind, ③ <u>that</u> helps to achieve a harmonious overall look and prevent ④ <u>costly</u> mistakes.

07

One way to make a pursuer ① <u>work</u> harder is to zigzag. A rabbit ② <u>running</u> from a coyote, for example, does not run endlessly in a straight line but moves quickly back and forth, ③ <u>forcing</u> the coyote to change direction and ④ <u>chasing</u> more slowly.

08

In the 1960s, decisions about ① <u>whether</u> to employ someone were based on educational background. David C. McClelland, however, argued ② <u>that</u> a person's motivations were a better predictor of workplace success and identified the three key motivations that he believed ③ <u>was</u> responsible for job performance: the need for power, achievement, and affiliation. While everyone has all three, he said, one would be dominant, ④ <u>shaping</u> workplace performance.

06

정답 ③

해설 (that → which) 관계대명사 that은 콤마 다음에 계속적 용법으로 쓸 수 없으므로, 콤마 뒤에서도 사용할 수 있으면서 똑같이 불완전한 절을 이끄는 which가 와야 한다.

① 타동사로 쓰인 decide 뒤에 목적어로 what이 이끄는 명사구가 오고 있으며, 분사구문의 의미상 주어인 the family가 어떤 가구를 살지 '결정하는' 것이므로 능동의 현재분사 deciding은 적절하게 쓰였다.

② 의문사절(what type of furniture the family should buy)의 주어가 문장의 주어와 같을 경우 '의문사 + to RV'로 축약할 수 있으므로 to buy는 적절하게 쓰였다.

④ costly는 -ly로 끝나지만 형용사인 단어로, 명사 mistakes를 수식하고 있는 것은 적절하다.

해석 가족은 어떤 종류의 가구를 살지를 정하는 동안 장식의 기본을 염두에 두어야 하는데, 이는 조화로운 전체 모습을 이루고 비용이 많이 드는 실수를 방지하는 데 도움이 된다.

어휘 keep sth in mind ~을 염두에 두다 fundamental 기본 (원리), 핵심 decorate 장식하다 harmonious 조화로운 costly 비용이 많이 드는

07

정답 ④

해설 (chasing → (to) chase) 맥락상 토끼가 코요테로 하여금 더 느리게 쫓도록 강제하는 것이므로, chasing을 5형식 동사 force의 목적격 보어인 to change와 등위접속사 and로 병렬되게 (to) chase로 고쳐야 한다.

① 사역동사 make는 목적어와 목적격 보어의 관계가 능동이면 RV를, 수동이면 p.p.를 목적격 보어로 취하는데, 여기서는 추격자가 더 힘들게 '일하는(추격하는)' 것이므로 능동을 나타내는 work는 적절하게 쓰였다. 참고로 여기서 work는 자동사로 쓰이고 있다.

② running from a coyote는 A rabbit을 수식하는 분사구인데, 토끼가 '달아나는' 것이므로 능동의 현재분사 running은 적절하게 쓰였다. 참고로 여기서 run은 자동사로 쓰이고 있다.

③ 타동사인 force 뒤에 목적어 the coyote가 있고, 분사구문의 의미상 주어인 A rabbit이 코요테가 급선회하도록 '강제하는' 것이므로 능동의 현재분사 forcing은 적절하게 쓰였다.

해석 추격자를 더 힘들게 하는 한 가지 방법은 지그재그로 움직이는 것이다. 예를 들어, 코요테로부터 달아나는 토끼는 끝없이 일직선으로 뛰지 않고 왔다 갔다 재빠르게 움직여 코요테가 방향을 바꾸면서 더 느리게 쫓아갈 수밖에 없게 한다.

어휘 pursuer 추격자 zigzag 지그재그로 나아가다 endlessly 끝없이 back and forth 왔다 갔다 chase 쫓다

08

정답 ③

해설 (was → were) 주격 관계대명사 that과 관계사절 내 동사 was 사이에 he believed가 삽입된 구조이다. was의 주어는 that의 선행사인 복수 명사 the three key motivations이므로 그에 수일치하여 복수 동사 were가 되어야 한다.

① 전치사 about의 목적어로 접속사 whether가 적절하게 쓰였다. 명사절을 이끄는 if는 타동사의 목적어로만 쓰이고, to 부정사와 함께 쓸 수 없음에 유의해야 한다.

② 동사 argued의 목적어 역할을 하면서 뒤에 완전한 절을 이끄는 명사절 접속사 that이 적절하게 쓰였다.

④ 타동사로 쓰인 shape 뒤에 목적어 workplace performance가 있고, 분사구문의 의미상 주어인 one(one motivation)이 직장 내 성과를 '만드는' 것이므로 능동의 현재분사 shaping은 적절하게 쓰였다.

해석 1960년대에는, 누군가를 고용할지에 대한 결정이 학력에 기초했다. 그러나 David C. McClelland는 사람의 동기가 직장 내 성공의 더 좋은 예측 변수라고 주장했고, 그가 믿기에 업무 수행에 영향을 미치는 세 가지 핵심 동기를 밝혔는데, 바로 권력, 성취 및 소속에 대한 필요였다. 모든 사람이 세 가지를 전부 가지고 있지만, 하나가 지배적이며 직장 내 성과를 만들 것이라고 그는 말했다.

어휘 employ 고용하다 motivation 동기 predictor 예측 변수 identify 확인하다 affiliation 소속 dominant 지배적인

[09 – 10] 밑줄 친 부분에 들어갈 말로 가장 적절한 것을 고르시오.

09   If an employee refuses _____ a rule or order because he or she thinks it's unsafe, you must investigate to check if it really is.

① to follow
② following
③ to be followed
④ being followed

10   It is encouraging to see millions of people on the earth who had nothing but a record of frustrations _____ the chance to improve their lives.

① has
② had
③ have
④ to have

09

정답 ① to follow

해설 빈칸은 뒤의 명사구 a rule or order를 목적어로 취하는 동시에, 타동사 refuse의 목적어 역할을 하는 준동사 자리이다. refuse는 to 부정사를 목적어로 취하는 동사이며, an employee가 규칙이나 명령을 '따르는' 것이므로, 빈칸에는 능동 부정사 to follow가 와야 한다.

해석 직원이 규칙이나 명령이 안전하지 않다고 생각하여 따르기를 거부한다면, 당신은 그것이 실제로 그러한지를 확인하기 위해 조사해야 한다.

어휘 investigate 조사하다

10

정답 ③ have

해설 맥락상 see가 지각동사로 쓰여 관계사절 who ~ frustrations로 수식된 millions of people을 목적어로 취하고 있는 구조로, 빈칸은 see의 목적격 보어 자리이다. 지각동사 see는 목적어와 목적격 보어의 관계가 능동이면 RV나 RVing를, 수동이면 p.p.를 목적격 보어로 취하는데, 여기서는 빈칸 뒤에 목적어 the chance가 있고 의미상으로도 수백만 명의 사람들이 기회를 '갖는' 것이므로 빈칸에는 능동을 나타내는 have가 와야 한다.

해석 좌절의 기록밖에 없던 지구상의 수백만 명의 사람들이 그들의 삶을 개선할 기회를 갖는 것을 보는 것은 고무적이다.

어휘 encouraging 고무적인 nothing but 오직 frustration 좌절

[01 – 05] 밑줄 친 부분이 어법상 옳지 않으면 올바르게 고치시오.

01   Buyers spend <u>few</u> time planning the purchase of a convenience product.

02   She asked the technician <u>to explain</u> her the steps necessary for setting up the equipment.

03   The candidate as well as his supporters <u>were pleased</u> with the results of the last election.

04   No sooner <u>did I arrive</u> than I was shown to a small room, and it wasn't too long before a doctor came to examine me.

05   Television now plays <u>such an important part</u> in people's lives that it is essential for us to try to decide whether it is a blessing or a curse.

01

정답 few → little

해설 '거의 없는'이라는 뜻의 수 형용사 few 뒤에는 복수가산명사가 와야 하는데, 여기서는 뒤에 불가산명사인 time이 있으므로 같은 뜻의 양 형용사 little로 고쳐야 한다.

해석 구매자들은 편의품의 구매를 계획하는 데 거의 시간을 할애하지 않는다.

어휘 purchase 구매 convenience 편리

02

정답 to explain → to explain to

해설 5형식 동사로 쓰인 ask가 to 부정사를 목적격 보어로 취하고 있는데, explain은 4형식으로 쓸 수 없는 3형식 동사이므로 간접목적어 her 앞에 전치사 to를 써야 한다.

해석 그녀는 기술자에게 장비 설치에 필수적인 단계를 설명해 달라고 요청했다.

어휘 necessary 필수적인 set up 설치하다

03

정답 were pleased → was pleased

해설 'A뿐만 아니라 B도'라는 뜻의 'B as well as A'가 주어로 쓰이는 경우 동사는 B에 수일치해야 한다. 즉, 단수 명사인 The candidate에 수일치해야 하므로 단수 동사 was로 쓰여야 한다.

해석 지지자들뿐만 아니라 그 후보자도 지난 선거의 결과에 만족했다.

어휘 candidate 후보자 pleased 만족하는

04

정답 did I arrive → had I arrived

해설 '~하자마자 ~했다'라는 뜻을 나타내는 구문은 'No sooner + had + S + p.p. ~ than + S + 과거동사'이다. No sooner가 이끄는 절에는 과거완료시제가 와야 하므로 had I arrived가 되어야 한다.

해석 나는 도착하자마자 작은 방으로 안내받았고, 오래지 않아 의사가 나를 진찰하러 왔다.

어휘 show 안내하다 examine 검사[진찰]하다

05

정답 옳은 문장

해설 '너무 ~해서 ~하다'라는 뜻을 가지는 'such + a(n) + 형용사 + 명사 + that' 구문이 어순에 맞게 적절히 쓰였다.

해석 텔레비전이 현재 사람들의 삶에서 너무 중요한 역할을 해서 우리가 그것이 축복인지 아니면 저주인지를 결정하려는 것은 필수적이다.

어휘 blessing 축복 curse 저주

[06 - 08] 밑줄 친 부분 중 어법상 옳지 않은 것을 고르시오.

06

> It was America's public school system ① <u>that</u> allowed me, an immigrant girl from India ② <u>who</u> arrived as a child ③ <u>not knowing</u> a word of English, ④ <u>becoming</u> a reporter for *The Wall Street Journal* at age 23.

07

> Mentors play a critical role in career development by ① <u>equipping</u> marketing professionals with the guidance they need to grow. Finding and being a mentor can be challenging, but it is highly rewarding for ② <u>both sides</u>. As a marketing manager or senior professional, even if you ③ <u>haven't formally requested</u>, you may be called upon to mentor others, ④ <u>which</u> can significantly aid in their career growth.

08

> It would be great for cities if people just ① <u>stop</u> using cars, but this never happens because cars save a lot of time. In the U.S. in 2006, the average car commute ② <u>lasted</u> 24 minutes; the average commute by mass transit took 48 minutes. The problem with public transportation is the time ③ <u>involved</u> in getting to the bus or subway stop, waiting ④ <u>to be picked up</u>, and then getting from the final stop to one's ultimate destination.

06

정답 ④

해설 (becoming → to become) allow가 5형식 동사로 사용되면 목적격 보어로 to 부정사를 취하는데, 맥락상 me가 목적어이고 becoming이 목적격 보어 자리이므로 to become으로 고쳐야 한다. 참고로 콤마로 삽입된 an immigrant girl ~ English는 me를 보충 설명하는 동격구이다.
① 'It ~ that' 강조 구문이 쓰여 주어인 America's public school system을 강조하고 있다.
② 사람 명사인 an immigrant girl을 선행사로 받는 주격 관계대명사 who가 주어 없는 불완전한 절을 이끌고 있는 것은 적절하다.
③ 타동사로 쓰인 know 뒤에 목적어 a word of English가 있고, 분사구문의 의미상 주어인 '나'가 영어를 '알지' 못한 것이므로 능동의 현재분사 knowing은 적절하게 쓰였으며, 부정어의 위치 또한 올바르다.

해석 어릴 때 영어라고는 한 자도 모르는 채 인도에서 온 이민자 소녀였던 내가 23살에 <The Wall Street Journal>의 기자가 될 수 있게 해준 것은 바로 미국의 공립학교 제도였다.

어휘 immigrant 이민자

07

정답 ③

해설 (haven't formally requested → haven't been formally requested) 타동사인 request 뒤에 목적어가 없고, 맥락상 you가 (멘토가 되어 달라고) 정식으로 '요청받은' 적이 없는 것이므로 수동태인 haven't been formally requested로 쓰여야 한다.
① 전치사 by의 목적어로 동명사 equipping이 적절하게 쓰이고 있으며, 'equip A with B'는 'A에 B를 갖추게 하다'라는 뜻의 구문이다.
② 부정형용사로 쓰인 both 뒤에 복수 명사 sides가 온 것은 적절하다.
④ 관계대명사 which는 콤마 다음에 계속적 용법으로 쓸 수 있으며, 불완전한 절을 이끌고 있는 것도 적절하다.

해석 멘토는 마케팅 전문가에게 그가 성장하는 데 필요한 지침을 갖추게 함으로써 경력 개발에 중요한 역할을 한다. 멘토를 찾고 멘토가 되는 것은 어려울 수 있지만, 양쪽 모두에 큰 보람이 있다. 마케팅 관리자나 선임 전문가로서, 당신은 정식으로 요청받은 적 없어도 다른 사람들에게 조언해 달라고 부탁받을 수 있으며, 이는 그들의 경력 성장에 큰 도움이 될 수 있다.

어휘 mentor 멘토; 조언하다 critical 중요한 guidance 지침 challenging 힘든 rewarding 보람 있는 senior 선임의 formally 정식으로 call upon 부탁[요구]하다 significantly 크게

08

정답 ①

해설 (stop → stopped) but this never happens를 보았을 때 if는 가정법으로 쓰이고 있으며, 주절의 '조동사 과거형 + RV'를 통해 가정법 과거임을 알 수 있다. 따라서 if절에도 과거동사인 stopped가 쓰여야 한다.
② last는 '지속되다'라는 뜻의 완전자동사로 적절하게 쓰였으며, in 2006이라는 과거 시점 부사구가 있으므로 과거시제로 쓰인 것도 적절하다.
③ involved 이하는 the time을 수식하는 분사구인데, 타동사인 involve 뒤에 목적어가 없으며 의미상으로도 시간이 '관여되는' 것이므로 수동의 과거분사가 적절하게 쓰였다.
④ to 부정사의 부사적 용법이 쓰이고 있는데, 맥락상 의미상 주어인 one(사람)이 '태우는' 것이 아니라 '태워지는' 것이므로 수동형 부정사 to be picked up은 적절하게 쓰였다.

해석 사람들이 그저 자동차 이용을 멈춘다면 도시에 좋을 테지만, 자동차가 많은 시간을 절약해 주기 때문에 이는 절대 일어나지 않는다. 2006년 미국에서 평균 자동차 통근 시간은 24분, 평균 대중교통 통근 시간은 평균 48분이 걸렸다. 대중교통의 문제점은 버스 정류장이나 지하철역에 가서 승차를 기다린 다음 최종 정류장(하차 정류장)에서 최종 목적지까지 가는 데 관여되는 시간이다.

어휘 average 평균의 commute 통근 (시간) mass transit 대중교통 public transportation 대중교통 get to ~에 가다 pick sb up ~을 태우다 ultimate 최종의 destination 목적지

[09 – 10] 밑줄 친 부분에 들어갈 말로 가장 적절한 것을 고르시오.

09   Though _____ a ruthless predator, the grizzly bear eats primarily grass, berries, and roots.

① considers
② considered
③ considering
④ consideration

10   Unless foreigners bring their passports to the bank, it will be difficult to get their checks _____ for cashing.

① process
② processed
③ to process
④ be processed

09

정답 ② considered

해설 접속사 Though가 이끄는 절에 주어가 없는 것으로 보아, 맥락상 접속사만 남은 분사구문이 쓰이고 있음을 알 수 있다. 이때 분사구문의 의미상 주어인 the grizzly bear가 a ruthless predator를 '고려하는' 것이 아니라 a ruthless predator로 '고려되는' 것이므로 빈칸에는 수동의 과거분사 considered가 와야 한다. 참고로 consider는 5형식 동사로 쓰여 'consider + O + 명사'의 구조를 취할 수 있는데, 수동태로 전환하면 'be considered + 명사' 형태가 된다.

해석 회색곰은 무자비한 포식자로 여겨지지만, 주로 풀, 산딸기류, (식물) 뿌리를 먹는다.

어휘 ruthless 무자비한 predator 포식자

10

정답 ② processed

해설 맥락상 빈칸은 준사역동사로 쓰인 get의 목적격 보어 자리인데, 준사역동사 get은 목적어와 목적격 보어의 관계가 능동이면 to RV를, 수동이면 p.p.를 목적격 보어로 취한다. 여기서는 빈칸 뒤에 목적어가 없고 의미상으로도 수표가 '처리되는' 것이므로 빈칸에는 수동을 나타내는 processed가 와야 한다.

해석 외국인들이 자신의 여권을 은행에 가지고 오지 않는다면, 수표가 현금화 처리되기 어려울 것이다.

어휘 check 수표 cashing 현금화

DAY 19

[01 – 05] 밑줄 친 부분이 어법상 옳지 않으면 올바르게 고치시오.

01   Children <u>rob of</u> that wonderful joy and flights of fancy when toys are no longer special.

02   The teacher recommended that the student <u>finishes</u> writing his essay as soon as possible.

03   Each time the train stopped <u>so sudden</u> that it would throw the occupants hard against each other.

04   In the center of the deserted street, <u>an alone truck</u> with a load of empty barrels was parked under the dim, orange streetlight.

05   With alternative methods of feeding and lower infant mortality rates, we no longer need to let the division of labor <u>be determined</u> by reproduction.

01

정답 rob of → are robbed of

해설 타동사 rob 뒤에 목적어가 없으며 의미상으로도 아이들이 즐거움과 상상의 나래를 '빼앗기는' 것이므로 수동태인 are robbed of가 되어야 한다. 참고로 'A에게서 B를 빼앗다'라는 뜻을 나타내는 구문은 'rob A of B'이며, 이를 수동태로 전환하면 'A be robbed of B' 형태가 된다.

해석 아이들은 장난감이 더는 특별하지 않을 때 그 멋진 즐거움과 상상의 나래를 빼앗긴다.

어휘 flight of fancy 상상의 나래

02

정답 finishes → (should) finish

해설 recommend와 같은 주장·요구·명령·제안·충고·결정의 동사가 당위의 의미를 갖는 that절을 목적어로 취할 경우에 that절 내의 동사는 '(should) + RV'로 써야 한다. 따라서 finishes를 (should) finish로 고쳐야 한다.

해석 그 교사는 그 학생이 가능한 한 빨리 에세이 작성을 끝낼 것을 권했다.

03

정답 so sudden → so suddenly

해설 '너무 ~해서 ~하다'라는 뜻의 'so ~ that' 구문이 쓰이고 있는데, 맥락상 너무 '갑자기' 정차했다는 의미가 되어야 하므로 형용사 sudden을 동사 stopped를 수식하는 부사 suddenly로 고쳐야 한다.

해석 그 열차는 매번 너무 갑자기 정차해서 탑승자들을 서로 세게 부딪치게 하곤 했다.

어휘 throw 던지다, 부딪뜨리다 occupant 타고 있는 사람

04

정답 an alone truck → a lone truck

해설 '혼자인'이라는 뜻의 alone은 서술적 용법으로만 쓰이는 형용사이므로 보어로만 사용되고 뒤에 명사가 올 수 없다. 그런데 여기서는 뒤에 truck이라는 명사가 나오고 있으므로, 같은 의미를 지니면서 명사를 앞에서 수식할 수 있는 제한적 용법의 형용사 lone을 사용하여 a lone truck이 되어야 한다.

해석 인적이 드문 거리 한가운데, 어둑한 주황색 가로등 아래에 빈 통을 가득 실은 트럭 한 대가 홀로 주차되어 있었다.

어휘 deserted 사람이 없는 a load of 많은 barrel 통 dim 어둑한 streetlight 가로등

05

정답 옳은 문장

해설 사역동사 let은 목적어와 목적격 보어의 관계가 능동이면 RV를, 수동이면 be p.p.를 목적격 보어로 취하는데, 여기서는 분업이 '결정하는' 것이 아니라 '결정되는' 것이므로 수동을 나타내는 be determined는 적절하게 쓰였다.

해석 대체 수유법과 낮아진 영아 사망률로, 우리는 더 이상 분업이 출산으로 결정되도록 내버려둘 필요가 없다.

어휘 alternative 대체의 infant 유아의 mortality rate 사망률 division of labor 분업 reproduction 번식

[06 – 08] 밑줄 친 부분 중 어법상 옳지 않은 것을 고르시오.

06

Many people in Britain and the U.S. ① are belonged to at least one club or society, and the term 'club' is often used to ② refer to a group of people who regularly meet together socially or ③ take part in sports; most young people's groups ④ are called clubs.

07

Employees choose to leave for ① many different reasons, but a major factor is often that they don't have the freedom to maximize their potential and do ② what they can do best. We want to work in roles that enable us ③ utilize our strongest abilities, and when this doesn't happen, we turn ④ disengaged and seek new opportunities.

08

In some cultures, buying or receiving baby gifts before the baby arrives ① is believed to bring misfortune, like miscarriage, ② based on superstition. Similarly, some think announcing a pregnancy too early will scare away the baby's spirit, but this is also a false belief. Miscarriage risk is ③ higher in the first trimester than in the second and third trimesters, but announcing a pregnancy in those first weeks ④ don't influence this risk.

06

정답 ①

해설 (are belonged to → belong to) belong to는 '~에 속하다'라는 뜻의 자동사(구)이므로 수동태로는 사용할 수 없다. 따라서 능동태인 belong to로 쓰여야 한다.

② 맥락상 'club'이라는 용어가 어떠한 집단을 가리키는 데 '사용되는' 것이므로, '~하는 데 사용되다'라는 뜻의 'be used to RV'가 적절하게 쓰였다. '~하는 데 익숙하다'라는 뜻을 지닌 'be used to RVing'와의 구별에 유의해야 한다.

③ take part in이 주격 관계대명사 who의 선행사인 복수 명사 people에 수일치하여, 등위접속사 or로 meet와 병렬되고 있는 것은 적절하다.

④ 젊은 사람 집단이 클럽을 '부르는' 것이 아니라 클럽이라고 '불리는' 것이므로 수동태로 쓰인 것은 적절하다. 참고로 5형식 동사로 쓰인 call은 수동태로 전환되어도 뒤에 명사가 오는 것에 유의해야 한다.

해석 영국과 미국의 많은 사람들이 적어도 하나의 동호회나 집단에 속해 있으며, 'club'이라는 용어는 정기적으로 사교상 함께 모이거나 스포츠에 참여하는 사람들의 집단을 지칭하는 데 흔히 사용되는데, 대다수의 젊은 사람들 집단이 클럽으로 불린다.

어휘 term 용어 refer to ~을 가리키다, 언급하다 take part in ~에 참여하다

07

정답 ③

해설 (utilize → to utilize) enable이 5형식 동사로 사용되면 목적격 보어로 to 부정사를 취하므로 to utilize가 되어야 한다.

① 뒤에 복수 명사인 reasons가 있으므로 수 형용사 many는 적절하게 쓰였다.

② 선행사를 포함한 관계대명사 what이 do의 목적어 역할과 관계사절 내 can do의 목적어 역할을 동시에 하고 있다. 참고로 여기서 best는 '가장 잘'이라는 뜻의 부사로 쓰였다.

④ 2형식 동사로 쓰인 turn이 과거분사형 형용사인 disengaged를 보어로 취하고 있는 것은 적절하다.

해석 직원들은 많은 다양한 이유들로 떠나기를 선택하지만, 주요 요인은 보통 그들이 자신의 잠재력을 극대화하고 가장 잘할 수 있는 일을 할 자유가 없다는 것이다. 우리는 우리의 가장 강력한 능력을 활용할 수 있게 해주는 역할의 일을 하고 싶어 하며, 이런 일이 일어나지 않을 때는 이탈하게 되고 새로운 기회를 찾는다.

어휘 maximize 극대화하다 potential 잠재력 utilize 활용하다 disengaged 이탈한

08

정답 ④

해설 (don't influence → doesn't influence) 문장의 주어는 동명사인 announcing이고, 동명사는 단수로 수일치하므로 단수 동사 doesn't influence로 쓰여야 한다.

① 아기 선물을 사거나 받는 행위가 불행을 가져온다고 '믿는' 것이 아니라 '믿어지는' 것이므로 수동태로 쓰인 것은 적절하며, 등위접속사 or로 병렬된 동명사 주어에 단수 동사로 수일치한 것도 적절하다.

② based on은 '~에 기반하여'라는 뜻의 분사형 전치사로 적절하게 쓰였다.

③ 뒤에 비교급 상관어구인 than이 있으므로, 비교급 형용사 higher가 쓰여 is의 보어 역할을 하고 있는 것은 적절하다.

해석 일부 문화권에서, 아기가 태어나기 전에 아기 선물을 사거나 받는 것은 미신에 기반하여 유산과 같은 불행을 가져온다고 믿어진다. 비슷하게, 일부 사람들은 임신을 너무 일찍 알리면 아기 영혼을 겁주어 쫓아낼 것이라고 생각하지만, 이 또한 잘못된 믿음이다. 유산 위험은 임신 2기 및 3기보다 1기에 더 크지만, 임신을 그 처음 몇 주에 알리는 것이 이러한 위험에 영향을 미치지는 않는다.

어휘 misfortune 불행 miscarriage 유산 superstition 미신 announce 알리다 pregnancy 임신 scare away ~을 겁주어 쫓아내다 spirit 영혼 false 틀린 trimester (임신 3개월의) -기(期)

[09 – 10] 밑줄 친 부분에 들어갈 말로 가장 적절한 것을 고르시오.

09   According to Freud and other theorists _____ writings were published before his, dreams do not reveal anything about the future.

① who
② which
③ whom
④ whose

10   The ancient ruins discovered in the desert _____ by a powerful empire that once ruled the region; their architectural style and materials are similar to those of many structures recognized as part of the empire's heritage.

① must be built
② could have built
③ might have been built
④ should have been built

09

정답 ④ whose

해설 빈칸 앞에는 other theorists라는 선행사가 있고 뒤에는 완전한 절(writings ~ his)이 오고 있으므로, 빈칸에는 선행사를 취하면서 명사 writings를 수식하여 완전한 절을 이끌 수 있는 소유격 관계대명사 whose가 와야 한다. 참고로 who, which, whom은 완전한 절을 이끌 수 없는 관계대명사이며, which를 의문형용사로 보는 것도 앞에 선행사가 있으므로 부적절하다.

해석 Freud와 그보다 먼저 글을 발표한 다른 이론가들에 따르면, 꿈은 미래에 대해 아무것도 드러내지 않는다.

어휘 theorist 이론가 reveal 드러내다

10

정답 ③ might have been built

해설 고대 유적들이 지어진 시점이 발견된 시점보다 더 이전이므로 과거 사건에 대한 심적 태도를 드러내는 '조동사 + have p.p.'가 쓰여야 하며, 유적이 '지은' 것이 아니라 '지어진' 것이므로 수동태로 쓰여야 한다. 또한 세미콜론 뒤의 부연 설명을 보았을 때, 유적이 한 강력한 제국에 의해 지어진 것을 후회하는 것이 아니라 추측하는 것이므로, 빈칸에는 '아마 ~했었을 것이다'라는 뜻을 지닌 might have p.p.의 수동형인 might have been built가 와야 한다.

해석 사막에서 발견된 고대 유적들은 한때 그 지역을 지배했던 강력한 제국에 의해 지어졌을 것인데, 그것들의 건축 양식과 재료가 그 제국 유산의 일부로 인정된 많은 건축물의 것과 유사하기 때문이다.

어휘 ruins 유적 empire 제국 rule 지배하다 architectural 건축의 material 재료 heritage 유산

DAY 20

[01 – 05] 밑줄 친 부분이 어법상 옳지 않으면 올바르게 고치시오.

01   People are advised by experts to have their blood pressure <u>tested</u> on a regular basis.

02   The fact <u>that</u> he arrives late every day is known to the manager and tolerated by her.

03   You had better submit that report <u>until</u> tomorrow if you don't want to get reprimanded.

04   In dealing with those nations that break rules, we must develop alternatives to violence that <u>is</u> tough enough to change behavior.

05   Tom <u>said</u> his wife that encouraging their son's dependence prevents him from growing up and finding healthy relationships with others.

01

정답 옳은 문장

해설 사역동사 have는 목적어와 목적격 보어의 관계가 능동이면 RV를, 수동이면 p.p.를 목적격 보어로 취하는데, 여기서는 blood pressure가 '검사하는' 것이 아니라 '검사되는' 것이므로 수동을 나타내는 tested는 적절하게 쓰였다.

해석 사람들은 전문가들에게 정기적으로 혈압 검사를 받으라고 충고받는다.

어휘 on a regular basis 정기적으로

02

정답 옳은 문장

해설 that 앞에 추상명사인 The fact가 선행사로 있고, 뒤에는 완전한 절이 오고 있는 것으로 보아 that이 동격 접속사로 쓰였음을 알 수 있다.

해석 그가 매일 늦게 도착한다는 사실은 관리자에게 알려져 있으며 용인되고 있다.

어휘 tolerate 용인하다

03

정답 until → by

해설 until은 동작의 지속, by는 동작의 완료를 나타내는 표현과 함께 사용된다. 여기서는 동작의 완료를 나타내는 submit이 있으므로 by가 쓰여야 한다.

해석 당신은 질책받고 싶지 않다면 내일까지 그 보고서를 제출하는 것이 낫다.

어휘 submit 제출하다 reprimand 질책하다

04

정답 is → are

해설 맥락상 주절 내 주격 관계대명사 that의 선행사는 복수 명사인 alternatives이므로, 관계사절의 동사도 그에 수일치하여 복수 동사인 are가 되어야 한다.

해석 규칙을 어기는 국가들을 대할 때 우리는 행동을 바꿀 수 있을 만큼 강력한, 폭력에 대한 대안을 마련해야 한다.

어휘 deal with ~을 상대하다 alternative 대안 tough 강한, 엄격한

05

정답 said → said to 또는 told

해설 say는 4형식으로 쓸 수 없는 3형식 동사이므로 간접목적어 his wife 앞에 전치사 to를 쓰거나 that절을 직접목적어로 취할 수 있는 4형식 동사 told로 고쳐야 한다.

해석 Tom은 아내에게 그들 아들의 의존성을 부추기는 것이 그가 성장하여 다른 사람들과 건전한 관계를 맺지 못하게 한다고 말했다.

어휘 encourage 부추기다 dependence 의존(성)

[06 – 08] 밑줄 친 부분 중 어법상 옳지 않은 것을 고르시오.

06

> Bioluminescent beetles ① <u>referred to as</u> fireflies may seem ② <u>to create</u> flashes of light randomly, but each of them actually ③ <u>have</u> a special series of repeated flashes and pauses, helping fireflies of the same species ④ <u>find</u> each other.

07

> Research found that a good brain-training program can improve working memory and ① <u>boost</u> general problem-solving ability. In the study, a mental workout ② <u>gave</u> to subjects for 8, 12, 17, or 19 days. ③ <u>Although</u> the performance of the untrained group improved little, the trained subjects showed significant improvements, ④ <u>which</u> increased with more time spent training.

08

> Skin cancer, the most common type of cancer, ① <u>raises</u> from abnormal growth of skin cells. Identifying the type of skin cancer ② <u>depends on</u> examining these cells. To understand skin cancer, it's crucial to recognize ③ <u>its</u> various types and their effects. While not all skin cancers present early symptoms, unusual skin changes can be warning signs. Staying ④ <u>alert</u> to these changes can lead to earlier diagnosis.

06

정답 ③

해설 (have → has) each of 뒤에는 '복수 명사 + 단수 동사'가 와야 하므로 단수 동사인 has가 쓰여야 한다.

① referred to as fireflies는 주어인 Bioluminescent beetles를 수식하는 분사구인데, 딱정벌레가 반딧불이로 '불리는' 것이므로 수동의 과거분사 referred는 적절하게 쓰였다. 참고로 'A를 B로 부르다'라는 뜻의 'refer to A as B' 구문을 수동태로 전환하면 'A be referred to as B' 형태가 되며, 이때 전치사 to as는 생략되지 않는 것에 유의해야 한다.

② 2형식 동사로 쓰인 seem은 to 부정사를 보어로 취할 수 있으므로 to create는 적절하게 쓰였다.

④ 준사역동사 help는 '(to) RV'를 목적격 보어로 취하므로 find의 쓰임은 적절하다.

해석 반딧불이라고 불리는 생물 발광 딱정벌레는 무작위로 빛을 번쩍이는 것처럼 보일 수도 있지만, 실제로 그것들은 각각 반복되는 번쩍임과 멈춤의 특별한 패턴을 가지고 있어, 같은 종의 반딧불이가 서로를 찾는 데 도움을 준다.

어휘 bioluminescent 생물 발광(發光)의 beetle 딱정벌레 firefly 반딧불이 flash 번쩍임 randomly 무작위로 pause 휴지, 멈춤

07

정답 ②

해설 (gave → was given) 주어인 a mental workout이 피험자들에게 '주는' 것이 아니라 '주어지는' 것이므로 수동태인 was given으로 쓰여야 한다.

① 등위접속사 and를 기준으로 improve와 boost가 병렬 구조를 이루고 있다.

③ 접속사인 Although 뒤에 절이 온 것은 적절하다.

④ 관계대명사 which가 significant improvements를 선행사로 받아 주어가 없는 불완전한 절을 이끌고 있는 것은 적절하다.

해석 연구는 좋은 두뇌 훈련 프로그램이 작업 기억을 향상하고 일반적인 문제 해결 능력을 신장시킬 수 있음을 밝혀냈다. 이 연구에서 8일, 12일, 17일 또는 19일 동안 피험자들에게 정신 운동이 주어졌다. 훈련을 받지 않은 집단의 수행 능력은 별로 향상되지 않았지만, 훈련을 받은 피험자들은 훈련에 들인 시간이 많을수록 증가하는 상당한 향상을 보였다.

어휘 working memory 작업 기억(정보를 일시적으로 머릿속에 저장하는 정신 기능) boost 신장시키다 workout 운동, 연습 subject 피험자 slightly 약간 significant 상당한

08

정답 ①

해설 (raises → arises) raise는 '일으키다'라는 뜻의 타동사인데, 여기서는 뒤에 목적어가 없고 의미상으로도 피부암이 '발생하는' 것이므로 '발생하다'라는 뜻의 자동사 arises가 쓰여야 한다.

② 완전자동사 depend는 목적어를 취할 때 전치사를 함께 사용해야 하므로 뒤에 on이 온 것은 적절하다.

③ its는 맥락상 앞서 나온 skin cancer를 가리키는 소유격이므로 단수로 수일치한 것은 적절하다.

④ 2형식 동사로 쓰인 stay가 형용사 alert를 보어로 취하고 있는 것은 적절하다.

해석 가장 흔한 종류의 암인 피부암은 피부 세포의 비정상적인 성장으로부터 발생한다. 피부암의 종류를 식별하는 것은 이 세포를 조사하는 것에 달려 있다. 피부암을 이해하기 위해서는 그것의 다양한 종류와 그 효과를 인식하는 것이 중요하다. 모든 피부암이 초기 증상을 보이는 것은 아니지만, 특이한 피부 변화는 경고 신호일 수 있다. 이러한 변화에 주의를 기울이고 있으면 더 빠른 진단을 받게 될 수 있다.

어휘 cancer 암 abnormal 비정상적인 identify 식별하다 examine 조사하다 symptom 증상 alert 경계하는, 주의 깊은 diagnosis 진단

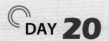

[09 – 10] 밑줄 친 부분에 들어갈 말로 가장 적절한 것을 고르시오.

09 The more preparation you've done through research and rehearsal, _____ you will feel.

① more confident
② more confidently
③ the more confident
④ the more confidently

10 Small children who witnessed Halley's Comet in 1986 will be able to see it again when it _____ in the skies in 2061.

① is appeared
② will appear
③ appeared
④ appears

09

③ the more confident

맥락상 '~하면 할수록 더 ~하다'라는 뜻의 'the 비교급, the 비교급' 구문이 쓰이고 있는데, 이때 양쪽 비교급 모두 앞에 the가 반드시 있어야 한다. 또한 빈칸은 2형식 동사로 쓰인 feel의 보어 자리이므로, 부사가 아닌 형용사가 쓰여야 한다. 따라서 빈칸에는 the more confident가 와야 한다.

조사와 예행연습을 통해 준비를 많이 할수록 당신은 더 자신감을 느낄 것이다.

rehearsal 예행연습 confident 자신감 있는

10

④ appears

when이 이끄는 시간 부사절에서는 현재시제가 미래시제를 대신하며, appear는 수동태로 쓸 수 없는 완전자동사이므로 빈칸에는 appears가 와야 한다.

1986년에 핼리 혜성을 목격한 어린아이들은 2061년에 그것이 하늘에 나타날 때 그것을 다시 볼 수 있을 것이다.

witness 목격하다 comet 혜성

[01 – 05] 밑줄 친 부분이 어법상 옳지 않으면 올바르게 고치시오.

01   I have to go to hospital on Monday, <u>when</u> means I won't be able to see you.

02   The food on the table smelled so <u>deliciously</u>, and my mouth started watering instantly.

03   She narrated the explorer's adventure in vivid detail as if she <u>had experienced</u> it firsthand.

04   You <u>should have called</u> a locksmith to open the door for you last night instead of breaking it yourself.

05   The child needs to learn how to get along with <u>another</u> people, how to spend his time wisely, and how to depend on himself.

01

정답 when → which

해설 관계부사 또는 의문부사 when 뒤에는 완전한 절이 와야 하는데, 여기서는 means의 주어가 없는 불완전한 절이 오고 있다. 맥락상 means의 주어는 콤마 앞 문장 전체의 내용이 되어야 하므로, 절을 선행사로 받을 수 있으며 불완전한 절을 이끄는 관계대명사 which가 쓰여야 한다.

해석 나는 월요일에 병원에 가야 하는데, 이는 내가 당신을 만날 수 없을 것이라는 뜻이다.

02

정답 deliciously → delicious

해설 2형식 동사로 쓰인 smell의 보어로 형용사가 와야 하는데 부사 deliciously가 오고 있으므로, deliciously를 형용사 delicious로 고쳐야 한다.

해석 식탁 위 음식에서 너무 맛있는 냄새가 나서 입에 바로 침이 고이기 시작했다.

어휘 water 침이 괴다, 군침이 돌다 instantly 즉시

03

정답 옳은 문장

해설 그녀가 모험을 이야기하는 시점보다 그 모험을 경험하는 시점이 더 이전이므로, '마치 ~이었던 것처럼'이라는 뜻의 과거 상황을 반대로 가정하는 as if 가정법 과거완료가 적절하게 쓰였다.

해석 그녀는 마치 그 탐험가의 모험을 직접 경험했던 것처럼 그것을 생생하고 세세히 이야기했다.

어휘 narrate 이야기하다 vivid 생생한 firsthand 직접

04

정답 옳은 문장

해설 'should have p.p.'는 '~했어야 했는데 (안 했다)'라는 뜻의 과거 사건에 대한 유감을 나타내는 표현으로 문맥상 적절하게 쓰였다.

해석 너는 어젯밤에 직접 문을 부수는 대신 자물쇠 수리공을 불러서 문을 열었어야 했다.

어휘 locksmith 자물쇠 수리공

05

정답 another → other

해설 '또 하나의, 다른'이라는 뜻으로 쓰인 형용사 another 뒤에는 복수 명사가 올 수 없다. 그런데 복수 명사인 people이 뒤에 오고 있으므로, another를 같은 뜻을 지니면서 복수 명사를 수식할 수 있는 other로 고쳐야 한다.

해석 그 아이는 다른 사람들과 잘 지내는 방법, 시간을 현명하게 쓰는 방법, 자신을 신뢰하는 방법을 배울 필요가 있다.

어휘 get along with ~와 잘 지내다 depend on ~을 신뢰하다

[06 – 08] 밑줄 친 부분 중 어법상 옳지 않은 것을 고르시오.

06

In the past, archaeologists and historians ① were used to believe the Maya civilization ② during its Classic period lacked agricultural marketplaces, and one reason for this belief was ③ that they misunderstood the ecology of the regions the Maya ④ lived in.

07

There is no biological necessity to eat immediately ① upon waking. Breakfast in its most common forms often only ② contributes to fat storage rather than ③ offering significant benefits. If you choose to eat breakfast, ④ making sure that it primarily consists of protein, fat, and fiber.

08

Although my wife and I do not perform the same tasks all the time, we share most of the housework ① equally. There are only a few tasks ② assigned to just one of us, while the rest of the tasks ③ are regarded as common responsibilities. Sharing housework can be beneficial for both reducing unnecessary conflict and ④ manage household income more efficiently.

06

정답 ①

해설 (were used to believe → used to believe) 'be used to RV'는 '~하는 데 사용되다'라는 뜻인데, 여기서는 맥락상 고고학자들과 역사가들이 '믿곤 했다'라는 의미가 되어야 하므로, '~하곤 했다'라는 뜻의 'used to RV'를 사용하여 used to believe가 되어야 한다.
② 전치사인 during 뒤에 명사구 its Classic period가 온 것은 적절하다.
③ 동사 was의 보어 역할을 하면서 뒤에 완전한 절을 이끄는 명사절 접속사 that이 적절하게 쓰였다.
④ the regions와 the Maya 사이에 목적격 관계대명사가 생략된 구조로, 전치사 in의 목적어 자리가 비어 있는 것은 적절하다.

해석 과거에 고고학자들과 역사가들은 고전기의 마야 문명에 농업 시장이 부족했다고 믿곤 했는데, 이 믿음의 한 가지 원인은 그들이 마야인들이 살았던 지역의 생태계를 잘못 이해했다는 것이었다.

어휘 archaeologist 고고학자 civilization 문명 lack ~이 부족하다 agricultural 농업의 marketplace 시장 ecology 생태(계)

07

정답 ④

해설 (making sure → make sure) 주절에 주어와 동사가 없는 상태이므로, making sure를 동사구 make sure로 고쳐 명령문이 되게 만들어야 한다.
① 'upon RVing'는 '~하자마자'라는 뜻의 관용 표현이며, 여기서 wake는 '깨어나다'라는 뜻의 자동사로 쓰이고 있다.
② 문장의 주어는 불가산명사로 쓰인 Breakfast이므로 단수 동사로 수일치한 것은 적절하다.
③ '~보다'라는 뜻의 전치사구 rather than 뒤에 동명사 offering이 온 것은 적절하다.

해석 일어나자마자 바로 식사를 해야 하는 생물학적 필요성이란 없다. 가장 일반적인 형태의 아침 식사는 큰 이점을 제공하기보다는 지방 저장에 기여하기만 하는 경우가 많다. 아침을 먹기로 선택했다면 그것이 주로 단백질, 지방, 섬유질로 구성되어 있는지 확인해라.

어휘 biological 생물학적인 immediately 즉시 contribute to ~에 기여하다 fat 지방 storage 저장 significant 상당한 primarily 주로 consist of ~으로 구성되다 protein 단백질 fiber 섬유질

08

정답 ④

해설 (manage → managing) 전치사 for의 목적어가 'A와 B 모두'라는 뜻의 'both A and B' 상관접속사 구문으로 병렬된 구조이다. 전치사 뒤에는 (동)명사가 와야 하며, A 자리의 명사 reducing과 동일한 급이 B 자리에 와야 하므로 managing이 쓰여야 한다.
① equally는 동사 share를 수식하는 부사로 적절하게 쓰였다.
② assigned ~ us는 tasks를 수식하는 분사구인데, 타동사 assign 뒤에 목적어가 없고 의미상으로도 일이 '할당되는' 것이므로 수동의 과거분사로 쓰인 것은 적절하다.
③ '부분명사 of 전체명사'가 주어로 오는 경우 of 뒤의 명사에 동사를 수일치시키므로 복수 명사 the tasks에 수일치해야 하며, 나머지 일들이 공동 책임으로 '여겨지는' 것이므로 복수 수동태 are regarded as는 적절하게 쓰였다. 참고로 'A를 B로 간주하다'라는 뜻의 'regard A as B' 구문은 수동태로 전환하면 'A be regarded as B' 형태가 되며, 이때 전치사 as는 생략되지 않는 것에 유의해야 한다.

해석 아내와 나는 항상 같은 일을 하는 것은 아니지만, 대부분의 가사를 공평하게 분담한다. 우리 중 한 명에게만 할당되는 일은 몇 가지뿐이고, 나머지 일들은 공동의 책임으로 여겨진다. 가사 분담은 불필요한 갈등 줄이기와 더 효율적으로 가계 소득 관리하기 모두에 이로울 수 있다.

어휘 equally 공평하게 assign 할당하다 common 공동의 beneficial 이로운 unnecessary 불필요한 conflict 갈등 household income 가계 소득

[09 – 10] 밑줄 친 부분에 들어갈 말로 가장 적절한 것을 고르시오.

09   Once in a while, she tends to aimlessly drift in and out of her room, _____ that she has nothing to do, no one to be with, and no place to visit.

① complain
② complains
③ complained
④ complaining

10   A Hong Kong journalist _____ in prison in China on charges of spying. He is going to be released next week, by which time he will have completed a 16-month prison term.

① held
② is holding
③ has been held
④ had been held

09

정답 ④ complaining

해설 빈칸 앞에 완전한 문장이 오면서 접속사는 없는 것으로 보아, 빈칸 이하가 분사구문임을 알 수 있다. 또한 빈칸 뒤에는 접속사 that이 이끄는 명사절이 목적어로 오고 있으며, 분사구문의 의미상 주어인 she가 '불평하는' 것이므로 빈칸에는 능동의 현재분사 complaining이 와야 한다.

해석 가끔 그녀는 할 일도 없고, 함께할 사람도 없고, 방문할 곳도 없다고 불평하며 목적 없이 자신의 방을 들락날락하는 경향이 있다.

어휘 once in a while 가끔 aimlessly 목적 없이 drift 떠돌다 in and out of ~을 들락거리는 complain 불평하다

10

정답 ③ has been held

해설 홍콩 기자가 다음 주면 석방될 것이고 그때쯤이면 16개월째 감옥에 있던 것이 된다는 두 번째 문장의 내용으로 보아, 그 기자가 과거부터 현재까지 계속 감옥에 있어 온 상태임을 알 수 있으므로 현재완료시제가 쓰여야 한다. 또한 기자가 감옥에 '잡아 둔' 것이 아니라 '잡혀 있는' 것이기에 수동태로 쓰여야 하므로 빈칸에는 has been held가 와야 한다.

해석 한 홍콩 기자가 간첩 혐의로 중국 감옥에 붙잡혀 있다. 그는 다음 주에 석방될 예정이며, 그때쯤이면 그가 16개월의 수감 기간을 마친 것이 될 것이다.

어휘 hold 잡아 두다, 구류하다 on a charge of ~의 혐의로 spy 간첩 노릇을 하다 complete 끝마치다 term 기간

DAY 22

[01 – 05] 밑줄 친 부분이 어법상 옳지 않으면 올바르게 고치시오.

01 The contaminated products <u>ordered</u> to be recalled from the market last week.

02 Neither your unkind remarks nor your hostile attitude <u>give</u> me any great distress.

03 The primary use of school education is not so much to teach you things as <u>to teach</u> you the art of learning.

04 Plant breeders may spend years <u>experimenting</u> with plants in their quest for a new type of corn-wheat hybrid.

05 Isaac Newton not only formulated the law of gravitation but also developed a new mathematical method <u>knowing</u> as calculus to compute his findings.

01

정답 ordered → were ordered

해설 제품들이 '명령한' 것이 아니라 '명령받은' 것이므로 수동태 were ordered로 쓰여야 한다. 참고로 5형식 동사로 쓰인 order는 to 부정사를 목적격 보어로 취하는데, 수동태로 전환하면 'be ordered to RV' 형태가 된다.

해석 지난주에 오염된 제품들이 시장에서 회수되도록 명령받았다.

어휘 contaminated 오염된 recall 회수하다

02

정답 give → gives

해설 'A도 B도 아닌'이라는 뜻의 상관접속사 'neither A nor B'가 주어로 오면 동사의 수는 B에 일치시킨다. 즉, 단수 명사인 your hostile attitude에 수일치하여 동사도 단수인 gives가 되어야 한다. 참고로 여기서 give는 4형식 동사로 적절하게 쓰이고 있다.

해석 당신의 불친절한 언행도 적대적인 태도도 내게 어떠한 큰 고통도 주지 않는다.

어휘 remark 말 hostile 적대적인 distress 고통

03

정답 옳은 문장

해설 'A라기보다는 B인'이라는 뜻의 'not so much A as B' 구문이 쓰여, A와 B 자리에 is의 보어로 to 부정사 to teach 2개가 병렬되어 있는 것은 적절하다.

해석 학교 교육의 주요 용도는 당신에게 사실들을 가르쳐 주기보다는 배움의 기술을 가르쳐 주는 것이다.

어휘 thing 사실 art 기술

04

정답 옳은 문장

해설 'spend + 시간 + (in) RVing'는 '시간을 ~하는 데 쓰다'라는 뜻의 구문이므로, experimenting은 적절하게 쓰였다.

해석 식물 육종가들은 새로운 유형의 옥수수와 밀 잡종을 추구하여 식물들을 실험하는 데 수년을 보낼 수도 있다.

어휘 breeder 재배자, 육종가 quest 추구 wheat 밀 hybrid 잡종

05

정답 knowing → known

해설 knowing as calculus는 a new mathematical method를 수식하는 분사구인데, 수학적 방법이 미적분학으로 '안' 것이 아니라 '알려진' 것이므로, 수동의 과거분사 known으로 쓰여야 한다.

해석 Isaac Newton은 만유인력의 법칙을 공식화했을 뿐만 아니라 그가 발견한 것을 계산하기 위해 미적분학으로 알려진 새로운 수학적 방법을 개발하기도 했다.

어휘 formulate 공식화하다 gravitation 만유인력, 중력 mathematical 수학의 calculus 미적분학 compute 계산하다

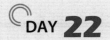
[06 – 08] 밑줄 친 부분 중 어법상 옳지 않은 것을 고르시오.

06

My conviction is that every ① <u>leaders</u> should be ② <u>humble enough</u> to publicly accept responsibility for the mistakes of the subordinates he or she has selected and, likewise, ③ <u>to publicly give</u> them praise for ④ <u>their</u> triumphs.

07

Healing begins with awareness and ends with change. It asks us ① <u>to release</u> the emotional hurts ② <u>buried</u> deep inside. We must let go of our unhealthy behaviors which compromise ③ <u>who are really we</u>, even if we feel ④ <u>safe</u> with them.

08

According to reports, a weightless astronaut in recent space missions ① <u>has succeeded</u> in walking in space and returning to the capsule ② <u>that</u> he calls home. This cosmic achievement may make race hatred and narrow nationalism ③ <u>trivially</u>. If humans can one day walk together in space, what does it matter ④ <u>whether</u> the skin beneath the space suit is pink, black, or brown?

06

정답 ①

해설 (leaders → leader) every 뒤에는 단수 명사가 와야 하므로 leader로 쓰여야 한다.

② enough는 형용사나 부사를 수식할 경우 후치 수식하므로 형용사 humble 뒤에 위치한 것은 적절하다.

③ to publicly give는 맥락상 등위접속사 and로 to publicly accept와 병렬 구조를 이루고 있는 것이므로 적절하게 쓰였다.

④ their는 맥락상 앞서 나온 the subordinates를 가리키는 소유격이므로 복수로 수일치한 것은 적절하다.

해석 나의 신념은 모든 리더가 자신이 선택한 부하 직원들의 실수에 대한 책임을 공개적으로 받아들이고, 마찬가지로 그들의 업적을 공개적으로 칭찬할 정도로 겸손해야 한다는 것이다.

어휘 conviction 신념 humble 겸손한 publicly 공개적으로 subordinate 부하 triumph 업적

07

정답 ③

해설 (who are really we → who we really are) compromise의 목적어로 의문사 who가 이끄는 간접의문문이 오고 있는데, 간접의문문은 '의문사 + S + V'의 어순을 취하므로 who we really are가 되어야 한다.

① ask가 5형식 동사로 사용되면 목적격 보어로 to 부정사를 취하므로 to release는 적절하게 쓰였다.

② buried deep inside는 the emotional hurts를 수식하는 분사구인데, 감정적 상처가 '묻은' 것이 아니라 '묻힌' 것이므로 수동의 과거분사로 쓰인 것은 적절하다.

④ 2형식 동사로 쓰인 feel이 형용사인 safe를 보어로 취하고 있는 것은 적절하다.

해석 치유는 자각으로 시작해서 변화로 끝난다. 그것은 우리에게 내면에 깊이 묻어 둔 감정적인 상처를 풀어 주라고 요구한다. 우리는 우리의 진정한 모습을 훼손하는 건강치 못한 행위들을, 비록 우리가 그것들 때문에 안전하다고 느껴도 포기해야 한다.

어휘 awareness 자각 let go of ~을 놓다, 포기하다 compromise 훼손하다

08

정답 ③

해설 (trivially → trivial) 맥락상 make는 race hatred and narrow nationalism을 목적어로, trivially를 목적격 보어로 취하는 5형식 동사로 사용되고 있는데, 5형식 동사 make는 부사를 목적격 보어로 취할 수 없으므로 trivially를 형용사 trivial로 고쳐야 한다.

① has succeeded의 주어는 단수 명사인 a weightless astronaut이므로 그에 수일치하여 단수 동사로 쓰인 것은 적절하다.

② the capsule을 선행사로 받는 목적격 관계대명사 that이 calls의 목적어가 없는 불완전한 절을 이끌고 있다. 참고로 여기서 call은 5형식 동사로 사용되었으며, home을 목적격 보어로 취하고 있다.

④ 의문문에서 가주어(it)-진주어(whether절) 구문이 쓰인 구조로, whether는 명사절을 이끄는 접속사로 적절하게 쓰였다.

해석 보도에 따르면, 최근 우주 임무 중 무중력 상태의 우주 비행사가 우주를 걷고 집이라고 부르는 캡슐로 귀환하는 데 성공했다. 이러한 우주적 성취는 인종 혐오와 편협한 민족주의를 사소하게 만들지도 모른다. 언젠가 인류가 우주에서 함께 걸을 수 있다면 우주복 밑의 피부가 분홍색이든 검은색이든 갈색이든 무엇이 중요하겠는가?

어휘 weightless 무중력의 astronaut 우주 비행사 capsule (우주선의) 캡슐 cosmic 우주의 hatred 혐오 narrow 편협한 nationalism 민족주의 trivially 사소하게 beneath ~아래에

[09 – 10] 밑줄 친 부분에 들어갈 말로 가장 적절한 것을 고르시오.

09 _____ profits in a balanced mix of stocks and bonds is a common strategy for achieving moderate returns with manageable risk.

① Invest
② Investor
③ Investing
④ Investment

10 North Korea suggested to South Korea that the third round of Red Cross talks _____ this month to discuss the reunion of families separated by the Korean War.

① conduct
② be conducted
③ was conducted
④ should conduct

09

정답 ③ Investing

해설 '빈칸 + profits'가 본동사 is의 주어인데, 동사 Invest는 주어 역할을 할 수 없고, 명사 Investor는 뒤에 명사 profits가 연속으로 올 수 없다. Investment profits는 사용할 수 있는 복합 명사이지만 복수 명사이므로 단수 동사 is와 수일치되지 않아 부적절하다. 따라서 빈칸에는 is의 주어 역할을 하는 동시에 profits를 목적어로 취할 수 있는 동명사 Investing이 와야 한다.

해석 수익을 주식과 채권에 골고루 혼합하여 투자하는 것은 감당 가능한 위험으로 적당한 수익을 내기 위한 일반적인 전략이다.

어휘 stock 주식 bond 채권 strategy 전략 moderate 보통의, 적당한 return 수익 manageable 감당할 수 있는

10

정답 ② be conducted

해설 suggest와 같은 주장·요구·명령·제안·충고·결정의 동사가 당위의 의미를 지니는 that절을 목적어로 취할 때, that절 내의 동사는 '(should) + RV'로 표현하며, 회담이 '개최하는' 것이 아니라 '개최되는' 것이므로 빈칸에는 be conducted가 와야 한다.

해석 북한은 한국 전쟁으로 헤어진 이산가족의 상봉을 논의하기 위해 제3차 적십자 회담이 이번 달에 행해져야 한다고 남한에 제안했다.

어휘 round 한 차례 reunion 재회, 상봉 separate 헤어지게 하다 conduct 행하다

[01 – 05] 밑줄 친 부분이 어법상 옳지 않으면 올바르게 고치시오.

01   The storyteller entertained the entire crowd with a lot of <u>amused</u> stories.

02   After hours of discussion, a consensus finally <u>was emerged</u> among the team members.

03   They have torn down the old structures with a view <u>to renovating</u> the whole neighborhood.

04   Once these misunderstandings <u>will be resolved</u>, we will be able to proceed with our plans.

05   Only if medical intervention is necessary to save the life of the patient <u>the procedure is permitted</u>.

01

정답 amused → amusing

해설 amused는 뒤의 명사 stories를 수식하는 분사형 형용사인데, 수식 대상인 이야기가 '재미있어하는' 것이 아니라 '재미있게 하는' 것이므로 능동의 현재분사 amusing으로 쓰여야 한다.

해석 그 이야기꾼은 많은 재미있는 이야기들로 모든 청중을 즐겁게 했다.

어휘 entertain 즐겁게 하다 amuse 재미있게 하다

02

정답 was emerged → emerged

해설 emerge는 수동태로 쓸 수 없는 완전자동사이므로 능동태인 emerged가 되어야 한다.

해석 몇 시간 동안의 논의 끝에 마침내 팀원들 사이에 의견 일치가 나타났다.

어휘 discussion 논의 consensus 의견 일치, 합의

03

정답 옳은 문장

해설 'with a view to RVing'는 '~할 목적으로'라는 뜻의 관용 표현으로, 이때 to는 전치사이므로 뒤에 동명사 renovating이 온 것은 적절하다.

해석 그들은 지역 전체를 개조할 목적으로 오래된 구조물들을 허물었다.

어휘 tear down 허물다, 부수다 renovate 개조하다 neighborhood 지역

04

정답 will be resolved → are resolved

해설 once가 이끄는 조건 부사절에서는 현재시제가 미래시제를 대신하므로 are resolved로 쓰여야 한다.

해석 일단 이러한 오해들이 해결되면 우리의 계획을 진행할 수 있을 것이다.

어휘 resolve 해결하다 proceed with ~을 계속하다

05

정답 the procedure is permitted → is the procedure permitted

해설 'only + 부사절'이 문두에 나올 경우, 주절의 주어와 동사는 반드시 의문문의 어순으로 도치되어야 한다.

해석 환자의 생명을 구하기 위해 의료 개입이 필요한 경우에만 그 수술이 허용된다.

어휘 intervention 개입 procedure 수술 permit 허용하다

[06 - 08] 밑줄 친 부분 중 어법상 옳지 않은 것을 고르시오.

06

The questions employers ask applicants ① <u>must choose</u> carefully, focusing on ② <u>how well</u> an applicant will perform on the job rather than on his or her national origin, race, or religion, as questions ③ <u>not related</u> to job performance could prove ④ <u>unlawful</u>.

07

Recent scientific evidence shows ① <u>that</u> relatively continuous exposure to sound levels ② <u>exceeding</u> 70 decibels can be harmful to hearing. Persistent noise exposure can cause temporary stress reactions ③ <u>to become</u> chronic stress conditions. The elderly with existing high blood pressure ④ <u>is</u> at the greatest risk.

08

In an experiment, infants were allowed to select their own foods, with raw and plainly cooked options ① <u>placed</u> before them. All the infants ② <u>were able to eat</u> with their fingers, and no attempt was made to teach manners ③ <u>while</u> the course of the observations. The experimenters let everything ④ <u>be decided</u> by the infants. The subjects showed no signs of nutritional disorders, indicating their wise food choices.

06

정답 ①

해설 (must choose → must be chosen) must choose의 주어는 The questions이고, 질문들이 '선택하는' 것이 아니라 '선택되는' 것이므로 수동 태로 써여야 한다. 참고로 The questions와 employers 사이에 목적격 관계대명사가 생략되어, 4형식 동사로 쓰인 ask의 직접목적어 자리가 비어 있는 구조이다.

② 전치사 on의 목적어로 의문사 how가 이끄는 명사절이 오고 있는데, 이때 how의 수식을 받는 형용사나 부사는 모두 앞으로 가고 주어와 동사는 평서문 어순을 따른다. 여기서는 동사 will perform을 수식하는 부사가 필요하므로 well도 적절하게 쓰였다.

③ not related to job performance는 questions를 수식하는 분사구인데, 질문이 직무 수행에 '관련된' 것이므로 수동의 과거분사는 적절하게 쓰였으며, 분사의 부정어 위치도 적절하다. 참고로 여기서 relate는 '관련시키다'라는 뜻의 타동사로 쓰였다.

④ 2형식 동사로 쓰인 prove가 형용사 unlawful을 보어로 취하고 있는 것은 적절하다.

해석 고용주가 지원자에게 하는 질문은 지원자의 출신 국가, 인종, 종교보다는 지원자가 직무를 얼마나 잘 수행할 것인지에 초점을 맞춰 신중하게 선택되어야 하는데, 직무 수행과 관련이 없는 질문은 불법으로 판명될 수 있기 때문이다.

어휘 applicant 지원자 race 인종 religion 종교 unlawful 불법적인

07

정답 ④

해설 (is → are) 주어가 '~한 사람들'이라는 뜻의 'the + 형용사'인 The elderly인데, 이는 복수 명사로 취급되므로 동사도 그에 수일치하여 복수 동사 are가 되어야 한다.

① 동사 shows의 목적어 역할을 하면서 뒤에 완전한 절을 이끄는 명사절 접속사 that이 적절하게 쓰였다.

② exceeding 70 decibels는 sound levels를 수식하는 분사구인데, 타동사로 쓰인 exceed 뒤에 목적어인 70 decibels가 있으며 의미상으로도 70데시벨을 '초과하는' 것이므로 능동의 현재분사는 적절하게 쓰였다.

③ cause가 5형식 동사로 사용되면 목적격 보어로 to 부정사를 취하므로 to become의 쓰임은 적절하다.

해석 최근의 과학적 증거는 70데시벨을 초과하는 소음 수준에 비교적 계속해서 노출되면 청력에 해로울 수 있다는 것을 보여 준다. 지속적인 소음 노출은 일시적인 스트레스 반응을 만성적인 스트레스 질환이 되게 할 수도 있다. 기존에 고혈압이 있는 노인들이 가장 큰 위험에 처해 있다.

어휘 relatively 비교적 continuous 지속적인 exposure 노출 exceed 초과하다 persistent 지속되는 temporary 일시적인 chronic 만성의 existing 기존의 blood pressure 혈압 at risk 위험에 처한

08

정답 ③

해설 (while → during) 접속사 while 뒤에는 절이 와야 하는데, 여기서는 명사구가 오고 있으므로 while을 같은 의미의 전치사 during으로 고쳐야 한다.

① 부대 상황을 나타내는 'with + O + OC'의 분사구문이 사용되었는데, 타동사로 쓰인 place 뒤에 목적어가 없고 의미상으로도 음식들이 '놓인' 것이므로 수동의 과거분사 placed는 적절하게 쓰였다.

② 전치한정사 all이 복수가산명사 infants를 수식하고 있으므로, 동사도 그에 수일치하여 복수 동사 were로 쓰인 것은 적절하다. 'be able to RV'는 '~할 수 있다'라는 뜻의 관용 표현이다.

④ 사역동사 let은 목적어와 목적격 보어의 관계가 능동이면 RV를, 수동이면 be p.p.를 목적격 보어로 취한다. 여기서는 모든 것이 '결정하는' 것이 아니라 '결정되는' 것이므로 수동을 나타내는 be decided는 적절하게 쓰였다.

해석 한 실험에서 유아들은 익히지 않은 음식과 간단하게 조리된 음식 선택지들을 앞에 둔 채 스스로 음식을 고를 수 있었다. 모든 유아는 자신의 손가락으로 음식을 먹을 수 있었고, 관찰 과정 동안 (식사) 예절을 가르치려는 어떤 시도도 이뤄지지 않았다. 실험자들은 모든 것을 유아들이 결정하도록 내버려두었다. 피험자들은 영양 장애의 징후를 보이지 않았는데, 이는 그들의 현명한 음식 선택을 보여 줬다.

어휘 infant 유아 raw 익히지 않은 plainly 간소하게 manners 예절 observation 관찰 subject 피험자 nutritional 영양의 disorder 장애 indicate 보여 주다

[09 – 10] 밑줄 친 부분에 들어갈 말로 가장 적절한 것을 고르시오.

09　　Under the repressive Elizabethan regime, Shakespeare is said _____ risks each time he took up his pen.

　　① to take
　　② to be taken
　　③ to have taken
　　④ to have been taken

10　　The thorough inspections of the building were intended to keep the new tenants _____ to any potential safety hazards before they moved in and settled into their new homes.

　　① exposing
　　② being exposed
　　③ from exposing
　　④ from being exposed

09

정답 ③ to have taken

해설 Shakespeare가 펜을 들어(took up) 위험을 무릅쓴 시점이 그러했다고 언급되는(is said) 시점보다 더 이전이므로 완료부정사가 쓰여야 하며, 빈칸 뒤에 목적어인 risks가 있으므로 능동형으로 쓰여야 한다. 따라서 빈칸에는 능동형 완료부정사 to have taken이 와야 한다.

해석 Elizabeth 여왕 시대의 억압적인 정권하에 Shakespeare는 펜을 들 때마다 위험을 무릅썼다고 한다.

어휘 repressive 억압적인, 진압의 regime 정권, 체제 take a risk 위험을 무릅쓰다

10

정답 ④ from being exposed

해설 'keep + O + RVing'는 'O가 계속 ~하게 하다'라는 뜻의 구문이고, 'keep + O + from RVing'는 'O가 ~하지 못하게 하다'라는 뜻의 구문이다. 맥락상 the new tenants가 위험에 '노출시키는' 것이 아니라 '노출되는' 것이며, 점검이 세입자들을 위험에 '계속 노출되게 하는' 것이 아니라 '노출되지 못하게 하는' 것이므로, 빈칸에는 from being exposed가 와야 한다.

해석 그 건물에 대한 철저한 점검은 새 세입자들이 새집에 이사 와서 정착하기 전에 그들이 잠재적인 안전 위험에 노출되는 것을 막기 위한 것이었다.

어휘 thorough 철저한 inspection 점검 tenant 세입자 potential 잠재적인 hazard 위험 settle 정착하다

[01 – 05] 밑줄 친 부분이 어법상 옳지 않으면 올바르게 고치시오.

01   Few things have been more important to our evolutionary history <u>as language</u>.

02   He had volunteers <u>lie</u> in an fMRI scanner to observe brain activity while they imagined different scenarios.

03   When I returned to Jackson County, the green fields <u>which</u> I had enjoyed outdoor activities with my family were gone.

04   The volunteer coordinator will contact <u>to each participant</u> to confirm their availability for the community service project.

05   <u>So successful was she</u> at conveying her underlying message through contemporary characters that by 1940 her book had sold some three million copies.

01

정답 as language → than language

해설 앞에 비교급 표현인 more가 있으므로 그에 맞는 상관어구인 than이 쓰여야 한다.

해석 우리의 진화 역사에서 언어보다 더 중요한 것은 거의 없다.

어휘 evolutionary 진화의

02

정답 옳은 문장

해설 사역동사 have는 목적어와 목적격 보어의 관계가 능동이면 RV를, 수동이면 p.p.를 목적격 보어로 취하는데, 여기서 lie는 '눕다'라는 뜻의 자동사이며 volunteers가 '눕는' 것이므로 능동을 나타내는 lie는 적절하게 쓰였다. 참고로 '눕히다'라는 뜻을 지닌 타동사 lay와의 구별에 유의해야 한다.

해석 그는 지원자들이 다양한 시나리오를 상상하는 동안의 뇌 활동을 관찰하기 위해 그들을 기능성 MRI 스캐너에 눕게 했다.

어휘 volunteer 지원자

03

정답 which → where 또는 in which

해설 관계대명사 which 뒤에는 불완전한 절이 와야 하는데 여기서는 완전한 절(I ~ family)이 오고 있다. 따라서 which를 장소 명사 the green fields를 선행사로 받으면서 완전한 문장을 이끌 수 있는 관계부사 where로 고치거나, which 앞에 전치사 in을 더해 '전치사 + 관계대명사'로 만들어야 한다.

해석 Jackson County로 돌아왔을 때, 내가 가족들과 야외 활동을 즐겼던 푸른 들판이 사라진 상태였다.

어휘 outdoor 야외의

04

정답 to each participant → each participant

해설 contact는 전치사 없이 바로 목적어를 취하는 완전타동사이므로 뒤에 전치사 to를 삭제해야 한다. 참고로 each 뒤에 단수 명사 participant가 온 것은 적절하다.

해석 자원봉사 담당자가 각 참가자에게 연락하여 지역 사회 봉사 프로젝트에 참여할 수 있는지 확인할 것이다.

어휘 coordinator 조정자, 진행 담당자 confirm 확인하다 availability 이용 가능성

05

정답 옳은 문장

해설 '너무 ~해서 ~하다'라는 뜻의 'so ~ that' 구문이 사용되고 있는데, be동사 was의 보어로 쓰인 형용사 successful이 문두에 나와 주어와 동사가 의문문의 어순으로 적절하게 도치되었다.

해석 그녀는 현대적인 등장 인물들을 통해 근본적인 메시지를 전달하는 것에 매우 성공해서 그녀의 책은 1940년까지 약 300만 부가 판매되었다.

어휘 convey 전달하다 underlying 근본적인 contemporary 현대의, 동시대의

[06 – 08] 밑줄 친 부분 중 어법상 옳지 않은 것을 고르시오.

06

> When ① <u>opening</u> the door to the examining room, I noticed a small girl with long, blond hair ② <u>sitting</u> very still on the exam table. She was busy ③ <u>to read</u> a Dr. Seuss book while her mother waited patiently ④ <u>beside</u> her.

07

> Kevin Schawinski, ① <u>exhausting</u> from classifying 50,000 galaxies in one week, decided ② <u>to seek</u> the help of the robust community of amateur astronomers, ③ <u>employing</u> a technique known as crowdsourcing — to harness ④ <u>their</u> collective efforts and expertise.

08

> During puberty, it is nearly inevitable for both boys and girls ① <u>to develop</u> some spots, and the fact ② <u>that</u> existing spots can be difficult to get rid of completely often frustrates them. However, utilizing products that are specially formulated to combat spots significantly ③ <u>aid</u> them. These products ④ <u>are designed</u> to target and eliminate the bacteria responsible for spots, thereby reducing the frequency and severity of breakouts.

06

정답 ③

해설 (to read → reading) '~하느라 바쁘다'라는 뜻을 나타내는 관용 표현은 'be busy (in) RVing'이므로 reading이 되어야 한다.

① 타동사로 쓰인 open 뒤에 목적어 the door가 있고, 분사구문의 의미상 주어인 I가 문을 '연' 것이므로 능동의 현재분사 opening은 적절하게 쓰였다.

② 지각동사 notice는 목적어와 목적격 보어의 관계가 능동이면 RV나 RVing를, 수동이면 p.p.를 목적격 보어로 취한다. 여기서는 a small girl이 '앉은' 것이므로 능동을 나타내는 sitting은 적절하게 쓰였다.

④ beside는 '~옆에'라는 뜻의 전치사로 적절하게 쓰였다.

해석 나는 진료실 문을 열었을 때, 긴 금발 머리를 가진 작은 소녀가 검사대 위에 아주 가만히 앉아 있는 것을 알아차렸다. 그녀는 그녀의 어머니가 옆에서 참을성 있게 기다리는 동안 Seuss 박사의 책을 읽느라 바빴다.

어휘 examining room 진료실 still 가만히 있는 patiently 참을성 있게

07

정답 ①

해설 (exhausting → exhausted) 타동사로 쓰인 exhaust 뒤에 목적어가 없고 분사구문의 의미상 주어인 Kevin Schawinski가 '지치게 한' 것이 아니라 '지친' 것이므로 수동의 과거분사 exhausted로 쓰여야 한다.

② decide는 to 부정사를 목적어로 취하는 동사이므로 to seek은 적절하게 쓰였다.

③ 타동사 employ 뒤에 목적어 a technique가 있고 분사구문의 의미상 주어인 Kevin Schawinski가 기술을 '이용하는' 것이므로 능동의 현재분사 employing은 적절하게 쓰였다.

④ their는 맥락상 앞서 나온 amateur astronomers를 가리키는 소유격이므로 복수로 수일치한 것은 적절하다.

해석 일주일 동안 50,000개의 은하를 분류하느라 지친 Kevin Schawinski는 크라우드소싱으로 알려진 기술을 이용하여 탄탄한 아마추어 천문학자 커뮤니티의 도움을 구해 그들의 집단적 수고와 전문 지식을 활용하기로 결정했다.

어휘 exhaust 지치게 하다 classify 분류하다 robust 탄탄한 astronomer 천문학자 employ 이용하다 harness 활용하다 collective 집단의 expertise 전문 지식

08

정답 ③

해설 (aid → aids) that ~ spots는 products를 수식하는 관계사절이고 문장의 주어는 동명사인 utilizing이므로, 본동사도 그에 수일치하여 단수 동사 aids가 되어야 한다.

① 가주어(it)-진주어(to develop) 구문이 적절하게 쓰였다.

② that 앞에 추상명사인 fact가 선행사로 있고, 뒤에는 완전한 절이 오고 있는 것으로 보아 that이 동격 접속사로 쓰였음을 알 수 있다.

④ 주어인 These products가 박테리아를 표적으로 삼아 제거하도록 '고안한' 것이 아니라 '고안된' 것이므로 수동태 are designed의 쓰임은 적절하다.

해석 사춘기에는 소년과 소녀 모두 여드름이 생기는 것이 거의 불가피하며, 기존의 여드름을 완전히 없애기 어렵다는 사실은 그들을 좌절시킨다. 하지만 여드름을 퇴치하기 위해 특별히 만들어진 제품을 사용하는 것이 그들에게 큰 도움이 된다. 이러한 제품은 여드름의 원인이 되는 박테리아를 표적으로 삼아 제거하도록 설계되어, (여드름의) 발생 빈도와 심각성을 줄여 준다.

어휘 puberty 사춘기 nearly 거의 inevitable 불가피한 spot 뾰루지, 여드름 get rid of 제거하다 frustrate 좌절시키다 formulate 만들어 내다 combat 싸우다, 퇴치하다 significantly 크게 target 표적으로 삼다 eliminate 제거하다 frequency 빈도 severity 심각성 breakout 발생

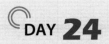

[09 - 10] 밑줄 친 부분에 들어갈 말로 가장 적절한 것을 고르시오.

09 _____ often a person may give a public speech, it is unavoidable that he or she will feel stage fright.

① How
② What
③ However
④ Whatever

10 Alexander Graham Bell _____ the father of the first telephone in human history is honored for many inventions.

① referred to as
② referring to as
③ is referred to as
④ is referring to as

09

정답 ③ However

해설 콤마 앞의 절과 뒤의 절을 연결하는 접속사가 없는 것으로 보아 앞의 절은 부사절임을 알 수 있는데, 여기서 부사절은 부사 often이 맨 앞에 오는 완전한 형태를 띠고 있다. 따라서 빈칸에는 부사를 수식하면서 완전한 형태의 부사절을 이끌 수 있는 복합관계부사 However가 와야 한다.

해석 아무리 대중 앞에서 연설을 자주 하더라도 무대 공포증을 느끼는 것은 불가피하다.

어휘 unavoidable 불가피한 stage fright 무대 공포증

10

정답 ① referred to as

해설 맥락상 문장의 본동사는 is honored이므로 빈칸은 준동사(분사) 자리이다. 'refer to A as B'는 'A를 B로 부르다'라는 뜻의 구문이고, 수동태로 전환하면 'A be referred to as B' 형태가 되는데, 여기서는 수식 대상인 Alexander Graham Bell이 '부르는' 것이 아니라 '불리는' 것이다. 따라서 빈칸에는 수동의 과거분사 referred to as가 와야 한다.

해석 인류 역사상 최초의 전화기의 아버지라고 불리는 Alexander Graham Bell은 많은 발명품들로 존경받고 있다.

어휘 honor 존경하다 invention 발명품

DAY 25

[01 – 05] 밑줄 친 부분이 어법상 옳지 않으면 올바르게 고치시오.

01 The committee was opposed <u>to invite</u> the guest to join the panel discussion.

02 <u>Being</u> a major holiday weekend, the travel agency saw a significant increase in bookings.

03 I wish you <u>had been</u> with me when I was going through one of the toughest times in my life last year.

04 The plan includes having food stores sell healthier foods and getting schools <u>serve</u> healthier, less fatty meals.

05 Banks will have to win the confidence of their customers through fair dealing, making good loans, and remaining <u>financially healthy</u>.

01

정답 to invite → to inviting

해설 be opposed to는 '~에 반대하다'라는 뜻을 갖는 동사구인데, 이때 to는 전치사이므로 뒤에 동명사 inviting이 와야 한다.

해석 위원회는 그 게스트를 공개 토론회에 초대하는 것에 반대했다.

어휘 committee 위원회 panel discussion 공개 토론회

02

정답 Being → It being

해설 맥락상 분사구문의 의미상 주어와 주절의 주어가 다르므로 분사구문의 주어를 생략할 수 없다. 분사구문에서 지칭하는 특정 주체가 없으므로 비인칭 주어 it을 사용하여 It being으로 고쳐야 한다.

해석 대명절 주말이었기 때문에 그 여행사에 예약이 많이 증가했다.

어휘 significant 상당한

03

정답 옳은 문장

해설 I wish 가정법이 사용되고 있는데, when I was going through ~ last year라는 명확한 과거 시점 부사구가 있으므로 과거 사실의 반대를 나타내는 가정법 과거완료 표현 had been이 쓰인 것은 적절하다.

해석 내가 작년에 내 인생에서 가장 힘든 시기 중 하나를 겪는 동안 네가 나와 함께 있었다면 좋을 텐데.

어휘 go through 겪다

04

정답 serve → to serve

해설 준사역동사 get은 목적어와 목적격 보어의 관계가 능동이면 to RV를, 수동이면 p.p.를 목적격 보어로 취하는데, 여기서는 뒤에 목적어가 있고 의미상으로도 학교가 식사를 '제공하는' 것이므로 능동을 나타내는 to serve가 쓰여야 한다.

해석 그 계획에는 식품점들이 더 건강한 식품을 판매하게 하고, 학교들이 더 건강하고 지방이 적은 식사를 제공하게 하는 것이 포함된다.

어휘 serve 제공하다 fatty 지방이 많은

05

정답 옳은 문장

해설 remain이 2형식 동사로 쓰여 형용사 healthy를 보어로 취하고 있는 것은 적절하며, 부사인 financially가 healthy를 수식하고 있는 것도 적절하다.

해석 은행은 공정한 거래, 좋은 대출, 재무 건전성 유지를 통해 고객의 신뢰를 얻어야 할 것이다.

어휘 win 획득하다 confidence 신뢰 loan 대출 financially 재정적으로

[06 – 08] 밑줄 친 부분 중 어법상 옳지 않은 것을 고르시오.

06

Immediately after the Big Bang, the universe ① underline{existed} in a false vacuum state, and ② underline{that} appeared to be empty space was actually ③ underline{filled} with a substantial ④ underline{amount} of energy during this state.

07

The area of the Sahara Desert is greater than ① underline{that} of the United States excluding Alaska. But in all that vast desert, there ② underline{are fewer} people than in a single large city. The individuals living in the desert and in need of water and food ③ underline{roams} extensively. Desert tribes often live in tents made of camel skin because these tents are able ④ underline{to be moved} easily.

08

When was the last time you ① underline{were confused}? The very fact that confusion is such a rare condition for most of us, ② underline{although} the complexity we perceive in our lives, is a clear indication that the theory of the world in our heads is at least as ③ underline{complex} as the world we perceive around us. The reason ④ underline{why} we are usually not aware of this theory is simply that it works so well.

06

정답 ②

해설 (that → what) that은 관계대명사로 쓰일 땐 앞에 선행사가 있어야 하고, 접속사로 쓰일 땐 뒤에 완전한 절이 와야 한다. 여기서는 앞에 선행사가 없고 뒤에도 불완전한 절이 오고 있으므로, that을 appeared의 주어 역할과 was filled의 주어 역할을 동시에 할 수 있는 관계대명사 what으로 고쳐야 한다.

① exist는 수동태로 쓸 수 없는 완전자동사로 적절하게 쓰였다.

③ 'A를 B로 채우다'라는 뜻을 나타내는 구문은 'fill A with B'이며, 수동태로 전환하면 'A be filled with B' 형태가 된다. 여기서는 맥락상 빈 곳으로 보였던 것이 많은 에너지로 '채운' 것이 아니라 '채워진' 것이므로, 수동의 과거분사 filled는 적절하게 쓰였다.

④ '~의 양'이라는 뜻의 an amount of는 불가산명사를 수식하는데, 뒤에 불가산명사인 energy가 오고 있으므로 적절하게 쓰였다.

해석 빅뱅 직후 우주는 거짓 진공 상태로 존재했으며, 빈 곳으로 보였던 것은 사실 이 상태에서 상당한 양의 에너지로 채워져 있었다.

어휘 immediately 즉시 false 거짓의 vacuum 진공 substantial 상당한

07

정답 ③

해설 (roams → roam) 문장의 주어는 복수 명사인 The individuals이므로 동사도 그에 수일치하여 복수 동사인 roam이 되어야 한다. 참고로 living ~ food는 주어를 수식하는 구이다.

① 비교급 표현 '-er than'이 쓰이고 있는데, 비교 대상이 단수 명사인 The area이므로 그에 수일치한 단수 지시대명사 that의 쓰임은 적절하다.

② fewer는 복수가산명사를 수식하는 수 형용사 few의 비교급인데, 뒤에 복수 명사인 people이 오고 있으므로 적절하게 쓰였다. 또한 복수 명사 fewer people에 수일치한 복수 동사 are의 쓰임도 적절하다.

④ 의미상 주어인 these tents가 '이동하는' 것이 아니라 '이동되는' 것이므로 수동형 부정사 to be moved는 적절하게 쓰였다.

해석 사하라 사막의 면적은 알래스카를 제외하면 미국의 면적보다 더 크다. 하지만 그 광활한 사막에는 대도시 한 곳에서보다 적은 수의 사람들이 살고 있다. 그 사막에 살면서 물과 식량이 필요한 사람들은 광범위하게 떠돌아다닌다. 사막의 부족들은 흔히 낙타 가죽으로 만든 천막에서 생활하는데, 이 천막이 쉽게 옮겨질 수 있기 때문이다.

어휘 area 면적 excluding ~을 제외하고 vast 광활한 roam 돌아다니다 extensively 광범위하게 tribe 부족 camel 낙타

08

정답 ②

해설 (although → despite) 접속사 although 뒤에는 절이 와야 하는데 여기서는 명사구가 오고 있으므로, although를 같은 뜻을 지닌 전치사 despite로 고쳐야 한다. 참고로 complexity와 we 사이에는 목적격 관계대명사가 생략되어 있다.

① 타동사인 confuse 뒤에 목적어가 없고, 의미상으로도 주어인 you가 '혼란스럽게 한' 것이 아니라 '혼란스럽게 된' 것이므로 수동태 were confused의 쓰임은 적절하다.

③ 'as + 형용사/부사 + as' 원급 비교 표현에서 형용사와 부사 중 어느 것이 와야 하는지는 'as ~ as' 사이의 품사가 무슨 역할을 하는지를 보면 알 수 있다. 여기서는 2형식 동사 be의 보어 역할을 하고 있으므로 형용사 complex는 적절하게 쓰였다.

④ 이유 명사인 The reason을 선행사로 받는 관계부사 why 뒤에 완전한 절이 오고 있는 것은 적절하다.

해석 마지막으로 혼란스러웠던 때가 언제였는가? 우리가 삶에서 인식하는 복잡성에도 불구하고 혼란이 우리 대부분에게 매우 드문 상태라는 사실은 우리 머릿속에 있는 세상에 대한 생각이 적어도 우리가 인식하는 우리 주변의 세상만큼이나 복잡하다는 것을 분명히 나타낸다. 우리가 보통 이 생각을 알아차리지 못하는 이유는 그저 그것(생각)이 너무 잘 작용하기 때문이다.

어휘 confuse 혼란스럽게 하다 rare 드문 complexity 복잡성 perceive 인식하다 indication 지시, 나타냄 theory 생각, 의견 aware of ~을 알고 있는

[09 - 10] 밑줄 친 부분에 들어갈 말로 가장 적절한 것을 고르시오.

09 Imagine feeling embarrassed after locking your keys in your car, calling your mom for a spare set, and then _____ that you already have the spare set in your purse.

① realize
② realized
③ realizing
④ to realize

10 The chief of flight operations denied that he had been careless in maintaining aircraft safety standards, particularly in the recent incident, and _____.

① so did the airline
② so the airline had
③ neither the airline did
④ neither had the airline

09

정답 ③ realizing

해설 맥락상 빈칸의 단어가 등위접속사 and로 함께 병렬되고 있는 대상은 전치사 after의 목적어인 동명사 locking과 calling이므로, 빈칸에는 동명사 realizing이 와야 한다.

해석 차에 열쇠를 둔 채 문을 잠그고, 어머니께 여분의 열쇠를 가져다 달라고 전화했다가, 지갑에 여분의 열쇠가 이미 있다는 사실을 깨달은 후 당황하는 상황을 상상해 보라.

어휘 embarrassed 당황한 spare 여분의

10

정답 ① so did the airline

해설 긍정문에 대한 동의를 나타낼 때는 so를, 부정문에 대한 동의를 나타낼 때는 neither를 사용하는데, 여기서는 앞에 긍정문이 있으므로 so를 사용해야 한다. so를 사용한 긍정 동의는 'and so + V + S'의 형태로 도치가 일어나며, 이때 대동사는 앞에 나온 일반동사의 과거시제 denied를 대신해야 하므로, 빈칸에는 so did the airline이 와야 한다.

해석 항공 운항 책임자는 특히 최근 사고에 있어 항공기 안전 기준을 유지하는 데 부주의했다는 사실을 부인했고, 항공사도 마찬가지였다.

어휘 operation 운용, 운항 deny 부인하다 careless 부주의한 aircraft 항공기 airline 항공사

DAY 26

[01 – 05] 밑줄 친 부분이 어법상 옳지 않으면 올바르게 고치시오.

01   The furniture assembly was surprisingly easy <u>to do it</u> with the included tools.

02   All complaints <u>must be dealt with</u> by the customer service representatives in a timely manner.

03   The class progressed from yesterday's history lesson to learning that the 1919 Treaty of Versailles <u>had ended</u> World War I.

04   In addressing climate change, policymakers may as well invest in renewable energy sources now <u>as continue</u> to rely on fossil fuels.

05   The man, who asked that his name and face <u>was not disclosed</u> to protect his and his family's privacy, avoided any public attention.

01

정답 to do it → to do

해설 easy가 포함된 난이형용사 구문이 쓰이고 있는데, to 부정사의 목적어가 주어로 오는 경우 중복을 피해 to 부정사의 목적어 자리는 비어 있어야 하므로, to do 뒤의 it을 삭제해야 한다.

해석 그 가구 조립은 포함된 도구로 놀라울 정도로 쉽게 할 수 있었다.

어휘 assembly 조립

02

정답 옳은 문장

해설 '~을 처리하다'라는 뜻의 deal은 자동사이므로 목적어를 취할 때 전치사 with를 함께 사용해야 하는데, deal with을 수동태로 전환해도 with가 생략되어서는 안 된다. 여기서 주어인 All complaints가 서비스 담당자들에 의해 '처리되는' 것이므로 수동태 must be dealt with는 적절하게 쓰였다.

해석 모든 불만 사항은 고객 서비스 담당자들에 의해 적시에 처리되어야만 한다.

어휘 complaint 불만 representative 대리인, 대표자 timely 시기적절한

03

정답 had ended → ended

해설 역사적 사실은 항상 과거시제를 사용하므로, 과거완료시제 had ended를 ended로 고쳐야 한다.

해석 그 반은 어제 역사 수업에서 1919 베르사유 조약이 제1차 세계 대전을 종결시켰다는 것을 배우는 데까지 진도 나갔다.

어휘 progress 진전을 보이다 treaty 조약

04

정답 옳은 문장

해설 'may as well A as B'는 'B하기보다 A하는 것이 낫다'라는 뜻의 표현이다. 이때 may as well이 구조동사이기에 A와 B에는 원형부정사가 와야 하므로 continue의 쓰임은 적절하다.

해석 기후 변화를 다루는 데 있어, 정책 입안자들은 화석 연료에 계속 의존하는 것보다 당장 재생 가능 에너지원에 투자하는 것이 더 낫다.

어휘 address 다루다, 해결하다 renewable 재생 가능한 fossil fuel 화석 연료

05

정답 was not disclosed → (should) not be disclosed

해설 ask와 같은 주장·요구·명령·제안·충고·결정의 동사가 당위의 의미를 갖는 that절을 목적어로 취할 경우, that절 내의 동사는 '(should) + RV'로 써야 한다. 따라서 (should) not be disclosed로 고쳐야 한다. 참고로 타동사 disclose 뒤에 목적어가 없으며, 의미상으로도 이름과 얼굴이 '공개되지' 않는 것이므로 수동태로 쓰인 것은 적절하다.

해석 자신과 가족의 사생활을 보호하기 위해 자신의 이름과 얼굴이 공개되지 않을 것을 요청한 그 남자는 모든 대중의 관심을 피했다.

어휘 disclose 밝히다, 드러내다

[06 – 08] 밑줄 친 부분 중 어법상 옳지 않은 것을 고르시오.

06

① Motivated by the resolute spirit of the protesters, the soldier chose to support their cause, and by the time armed pro-Mubarak mobs ② arrived the square, he ③ had already been balancing his efforts between defending the protesters and ④ helping the wounded.

07

On social media, we often share versions of ourselves that seem ① more honestly compared to the personas we ② used to create in the earlier, more anonymous days of the Internet. However, these online versions still fall notably short of ③ truly reflecting the depth and complexity of our genuine selves; the images and stories we share reflect only a ④ limited aspect of our true identities.

08

Even though it is now evident that each hemisphere of our brain ① has its own specialized functions, it is important to remember that they operate together continuously. In your brain at this very moment, information ② analyzing in one hemisphere is instantly accessible to ③ the other. This close coordination allows the two hemispheres ④ to create a unified perception of the world rather than presenting two separate views.

06

정답 ②

해설 (arrived → arrived at) 완전자동사인 arrive는 목적어를 취할 때 전치사를 함께 사용해야 하므로 뒤에 전치사 at을 더해 줘야 한다.
① 분사구문의 의미상 주어인 the soldier가 '동기를 부여한' 것이 아니라 시위대의 정신에 의해 '동기를 부여받은' 것이므로 수동의 과거분사 Motivated는 적절하게 쓰였다.
③ by the time이 이끄는 절에서 과거시제가 쓰이면 주절에는 과거완료시제가 쓰여야 하므로 과거완료진행형 had (already) been balancing은 적절하게 쓰였다.
④ 동명사 helping이 앞서 나온 defending과 병렬되어 'A와 B 사이에'라는 뜻의 'between A and B' 구문을 이루고 있는 것은 적절하다.

해석 시위대의 결연한 정신에 동기를 얻은 그 군인은 그들의 대의를 지지하기로 결정했고, 무장한 친(親) Mubarak 무리가 광장에 도착했을 때 그는 이미 시위대를 방어하는 것과 부상자들을 돕는 것 사이에서 균형을 맞추며 애쓰고 있었다.

어휘 motivate 동기를 부여하다 resolute 단호한 protester 시위자 cause 대의 pro- 찬성하는 mob 무리 square 광장 balance 균형을 이루다 defend 방어하다 wounded 다친

07

정답 ①

해설 (more honestly → more honest) 2형식 동사로 쓰인 seem은 부사를 보어로 취할 수 없으므로 honestly를 형용사인 honest로 고쳐야 한다.
② 'used to RV'는 '~하곤 했다'라는 뜻의 과거 습관을 나타내는 표현으로 맥락상 적절하게 쓰였다.
③ 전치사 of 뒤에 명사구 the depth ~ selves를 목적어로 취하는 동명사 reflecting이 온 것은 적절하며, 부사 truly가 이를 수식하고 있는 것도 적절하다.
④ 분사형 형용사 limited가 명사 aspect를 수식하고 있는데, 맥락상 정체성의 한 측면이 '제한한' 것이 아니라 '제한된' 것이므로 수동의 과거분사로 쓰인 것은 적절하다.

해석 소셜 미디어에서 우리는 흔히 이전의 익명성이 더 보장되던 인터넷 시절에 우리가 만들곤 했던 페르소나보다 더 솔직해 보이는 자아 버전을 공유한다. 그러나 이러한 온라인 버전은 여전히 진정한 우리 자아의 깊이와 복잡성을 정확히 반영하기에는 현저히 부족하며, 우리가 공유하는 이미지와 이야기는 실제 정체성의 제한된 측면만을 반영한다.

어휘 persona 페르소나(가면을 쓴 인격) anonymous 익명의 fall short of ~에 미치지 못하다 notably 현저히 reflect 반영하다 complexity 복잡성 genuine 진정한 identity 정체성

08

정답 ②

해설 (analyzing → analyzed) analyzing in one hemisphere는 information을 수식하는 분사구인데, 타동사인 analyze 뒤에 목적어가 없고 의미상으로도 정보가 한 반구에서 '분석되는' 것이므로 수동의 과거분사 analyzed로 쓰여야 한다.
① each 뒤에는 '단수 명사 + 단수 동사'가 와야 하므로 단수 동사 has의 쓰임은 적절하다.
③ 여럿 중 두 개의 대상을 언급하는 경우에는 one과 another를 쓰지만, 단 두 개의 대상을 차례로 언급하는 경우에는 one과 the other를 써야 하므로 the other는 적절하게 쓰였다.
④ allow가 5형식 동사로 사용되면 목적격 보어로 to 부정사를 취하므로 to create는 적절하게 쓰였다.

해석 우리 뇌의 각 반구가 특화된 기능을 가지고 있다는 것은 이제 명백하지만, 그것들이 지속적으로 함께 작동한다는 것을 기억하는 것이 중요하다. 지금 바로 이 순간에도 당신의 뇌에서는 한 반구에서 분석된 정보를 다른 반구에서 즉시 이용할 수 있다. 이러한 긴밀한 협동은 두 반구가 두 별개의 관점을 제시하는 것이 아니라 세상에 대한 통합된 인식을 만들어 낼 수 있게 한다.

어휘 evident 명백한 hemisphere (뇌의) 반구 specialized 특화된 operate 작동하다 continuously 지속적으로 instantly 즉시 accessible 접근[이용] 가능한 coordination 협동 unified 통합된 perception 인식 separate 별개의

[09 – 10] 밑줄 친 부분에 들어갈 말로 가장 적절한 것을 고르시오.

09   The old bridge in town was _____ narrow for a carriage to drive across, and thus we had to go an extra 50 miles to the new one.

① enough
② much
③ too
④ so

10   Nobody noticed that two-thirds of the building the mayor had overseen, including its modern infrastructure and newly installed facilities, _____ because the progress wasn't widely publicized.

① completed
② was completed
③ were completed
④ to be completed

09

정답 ③ too

해설 빈칸에는 동사 was의 보어인 형용사 narrow를 수식하면서, 뒤에 나온 to 부정사 to drive across와 상관을 이루는 것이 들어가야 한다. 맥락 상 '너무 ~해서 ~할 수 없다'라는 뜻의 'too ~ to RV' 구문이 쓰여야 하므로 빈칸에는 too가 와야 한다. 참고로 enough는 형용사를 후치 수식해 야 하므로 부적절하며, much는 형용사의 원급이 아닌 비교급을 수식하므로 부적절하다.

해석 마을에 있는 오래된 다리는 너무 좁아 마차가 건널 수 없어서, 우리는 새로운 다리로 50마일을 더 가야 했다.

어휘 carriage 마차

10

정답 ② was completed

해설 맥락상 the building과 the mayor 사이에는 목적격 관계대명사가 생략된 구조이기에, 빈칸은 접속사 that이 이끄는 절 내 주어인 two-thirds of the building의 동사 자리임을 알 수 있다. 빈칸 뒤에 목적어가 없고 의미상으로도 건물이 '완성된' 것이므로 수동태로 쓰여야 하며, '부분명 사 of 전체명사'가 주어로 오는 경우 of 뒤의 명사에 동사를 수일치시키는데, 여기서는 단수 명사인 the building이 있으므로 동사도 그에 수일 치하여 단수로 쓰여야 한다. 따라서 빈칸에는 단수 수동태 was completed가 와야 한다.

해석 시장이 감독했던 건물의 3분의 2가 현대식 기반 시설과 새로 설치된 시설을 포함하여 완공되었다는 것을 진행 상황이 널리 알려지지 않아서 아무도 눈치채지 못했다.

어휘 mayor 시장 oversee 감독하다 infrastructure 인프라, 기반 시설 install 설치하다 facility 시설 progress 진행 (상태) publicize 알리다

[01 – 05] 밑줄 친 부분이 어법상 옳지 않으면 올바르게 고치시오.

01   The parent looked the child <u>in the eyes</u> and reassured her with a comforting smile.

02   Scarcely <u>the car had left</u> the driveway before the GPS system started recalculating the route.

03   The news about the school's closure due to the pandemic <u>were met</u> with concern by parents and students.

04   <u>Which</u> the training program has been highly effective is supported by the improved performance indicators.

05   Considering that the restaurant has received numerous positive reviews from patrons, it's surprising that it has financial trouble, <u>hasn't it</u>?

01

정답 옳은 문장

해설 사람과 신체 부위를 분리 표현하는 경우, 신체 부위를 강조하여 '전치사 + the + 신체 부위'의 형태로 쓰며, look은 전치사 in과 함께 쓰이므로 in the eyes는 적절하게 쓰였다.

해석 부모는 아이의 눈을 바라보며 위안이 되는 미소로 아이를 안심시켰다.

어휘 reassure 안심시키다 comforting 위로가 되는

02

정답 the car had left → had the car left

해설 '~하자마자 ~했다'라는 뜻을 나타내는 구문은 'Scarcely + had + S + p.p. ~ before + S + 과거동사'이다. 부정부사 scarcely가 문두에 오는 경우, 주어와 동사가 의문문의 어순으로 도치되어야 하므로 had the car left가 되어야 한다.

해석 차가 차도를 벗어나자마자 GPS 시스템이 경로를 재검토하기 시작했다.

어휘 driveway 차도 recalculate 재검토하다

03

정답 were met → was met

해설 문장의 주어는 불가산명사인 The news이므로 동사는 단수인 was met으로 쓰여야 한다.

해석 전국적인 유행병으로 인한 휴교 소식이 학부모와 학생들의 우려를 샀다.

어휘 pandemic 전국[전 세계]적인 유행병 meet with 받다, 맞닥뜨리다 concern 우려

04

정답 Which → That

해설 which는 관계대명사로 쓰일 땐 앞에 선행사가 있어야 하고, 의문사로 쓰여도 뒤에 불완전한 절이 와야 한다. 여기서는 앞에 선행사가 없고 뒤에 완전한 절(the training program ~ effective)이 오고 있으므로, Which를 완전한 형태의 명사절을 이끌 수 있으면서 is의 주어 역할을 할 수 있는 접속사 That으로 고쳐야 한다.

해석 훈련 프로그램이 매우 효과적이었다는 것은 향상된 성능 지표에 의해 뒷받침된다.

어휘 indicator 지표

05

정답 hasn't it → isn't it

해설 부가의문문은 앞 문장이 긍정이면 부정으로, 부정이면 긍정으로 써야 하며, 동사를 주절 동사의 종류와 시제에 맞춰야 한다. 여기서는 주절의 동사가 be동사의 현재시제인 is이므로, 부가의문문은 isn't it으로 쓰여야 한다.

해석 그 식당이 손님들로부터 많은 긍정적인 평가를 받은 것을 고려하면, 그곳이 재정적 어려움이 있다는 것이 놀랍다, 그렇지 않은가?

어휘 numerous 많은 patron 고객 financial 재정의

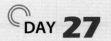

DAY 27

[06 – 08] 밑줄 친 부분 중 어법상 옳지 않은 것을 고르시오.

06

After ① <u>thoroughly</u> researching his new work of historical fiction, the novelist grew ② <u>more interesting</u> in how the Apollo moon mission ③ <u>affected</u> international relations at the time, rather than ④ <u>its</u> modern influences.

07

High expectations for children are nothing new in China, ① <u>where</u> the need to master the thousands of characters necessary for basic literacy, ② <u>accompanied</u> by the educational legacy of Confucius, ③ <u>have led</u> a large number of curious and bright-eyed ④ <u>students</u> to focus solely on rote learning.

08

When you turn twenty, you ① <u>are permitted</u> to register to vote. Some people believe that voting is not worth ② <u>doing</u>. They argue that you have to stand in line for a long time and ③ <u>that</u> a single vote will not make a difference. Even if one vote never changes an election outcome, it is important that every person's voice ④ <u>should hear</u>.

06

정답 ②

해설 (more interesting → more interested) 2형식 동사로 쓰인 grow가 분사형 형용사를 보어로 취하고 있는데, 주어인 the novelist가 '흥미를 갖게 한' 것이 아니라 '흥미를 갖게 된' 것이므로 수동의 과거분사 interested가 쓰여야 한다.

① 부사 thoroughly가 동사의 성질을 가진 동명사 researching을 수식하고 있는 것은 적절하다.

③ affect는 전치사 없이 바로 목적어를 취하는 완전타동사로 적절하게 쓰였다.

④ its는 맥락상 앞서 나온 the Apollo moon mission을 가리키는 소유격이므로 단수로 수일치한 것은 적절하다.

해석 그 소설가는 자신의 새로운 역사 소설 작품을 철저히 조사한 후, Apollo 달 탐사의 현대적인 영향보다는, 그 당시 그것이 국제 관계에 어떻게 영향을 미쳤는지에 더 관심을 두게 되었다.

어휘 thoroughly 철저히 international 국제적인 influence 영향

07

정답 ③

해설 (have led → has led) where가 이끄는 관계사절 내의 주어가 단수 명사인 the need이므로 동사도 그에 수일치하여 단수 동사 has led가 되어야 한다.

① 장소 명사 China를 선행사로 받는 관계부사 where 뒤에 완전한 절이 오고 있으므로 적절하게 쓰였다.

② 타동사인 accompany 뒤에 목적어가 없고 분사구문의 의미상 주어인 the need가 공자의 교육적 유산과 '동반되는' 것이므로 수동의 과거분사 accompanied는 적절하게 쓰였다.

④ '많은'이라는 뜻의 a number of 뒤에는 복수가산명사가 와야 하므로 students의 쓰임은 적절하다.

해석 아이들에 대한 높은 기대는 중국에서 전혀 새로운 것이 아닌데, 그곳에서는 공자의 교육적 유산과 함께, 기초 문해력에 필수적인 수천 개의 문자에 숙달해야 할 필요성이 호기심 많고 반짝이는 눈을 가진 수많은 학생들을 오로지 암기식 학습에만 집중하게 만들어 왔다.

어휘 expectation 기대 master 숙달하다 character 문자 literacy 읽고 쓰는 능력, 문해력 accompany 동반시키다 legacy 유산 Confucius 공자 rote 기계적인 암기

08

정답 ④

해설 (should hear → should be heard) 주어인 every person's voice는 듣는 행위의 주체가 아닌 대상이므로 수동태인 should be heard가 되어야 한다. 참고로 important와 같은 이성적 판단의 형용사가 포함된 가주어(it)-진주어(that절) 구문에서 that절 내의 동사는 '(should) + RV'를 사용한다.

① 맥락상 주어인 you가 투표를 위해 등록하도록 '허락하는' 것이 아니라 '허락되는' 것이므로 수동태 are permitted의 쓰임은 적절하다. 참고로 5형식 동사로 쓰인 permit는 to 부정사를 목적격 보어로 취하는데, 수동태로 전환하면 'be permitted to RV' 형태가 된다.

② worth는 '~할 가치가 있다'라는 뜻을 나타낼 때 'be worth RVing' 형태로 쓰이므로 doing은 적절하게 쓰였다. 참고로 worth 뒤에 오는 동명사는 능동의 형태이지만 수동의 의미를 갖는다.

③ 완전한 절을 이끄는 접속사 that이 앞서 나온 접속사 that과 등위접속사 and로 병렬되어 동사 argue의 목적어 역할을 하고 있는 것은 적절하다.

해석 당신은 20세가 되면 유권자 등록을 할 수 있다. 어떤 사람들은 투표를 할 가치가 없다고 생각한다. 그들은 당신이 오랜 시간 줄을 서야 하고, 한 표가 변화를 불러오지는 않을 것이라고 주장한다. 설령 한 표가 선거 결과를 바꾸지 못하더라도, 모든 사람의 목소리를 듣는 것은 중요하다.

어휘 register 등록하다 vote 투표하다; 표 election 선거 outcome 결과

[09 – 10] 밑줄 친 부분에 들어갈 말로 가장 적절한 것을 고르시오.

09 While most American architects in the early 1900s looked to Europe for ideas, Frank Lloyd Wright found Japanese culture _____.

① inspire
② inspired
③ inspiring
④ inspiringly

10 _____ of the changes in the company's operational procedures last week, the employees are now in a state of confusion as they try to adjust their schedules accordingly.

① Informing
② Being informed
③ Having informed
④ Having been informed

09

정답 ③ inspiring

해설 빈칸은 5형식 동사로 쓰인 find의 목적격 보어 자리인데, 5형식 동사 find는 명사나 형용사를 목적격 보어로 취할 수 있다. 여기서는 목적어인 Japanese culture가 '영감을 받은' 것이 아니라 '영감을 준' 것이므로 빈칸에는 현재분사형 형용사 inspiring이 와야 한다.

해석 1900년대 초 대부분의 미국 건축가들이 아이디어를 얻기 위해 유럽으로 시선을 돌렸지만, Frank Lloyd Wright는 일본의 문화가 영감을 준다고 생각했다.

어휘 architect 건축가 look to ~으로 시선을 돌리다 inspire 영감을 주다

10

정답 ④ Having been informed

해설 'A에게 B를 알리다'라는 뜻을 나타내는 구문은 'inform A of B'이며, 이를 수동태로 바꾸면 'A be informed of B' 형태가 된다. 여기서는 분사구문의 의미상 주어인 the employees가 변경 사항을 '통지한' 것이 아니라 '통지받은' 것이므로 수동형으로 쓰여야 하며, 직원들이 통지받은 시점(last week)이 혼란에 빠진 시점(now)보다 더 이전이므로 완료시제로 쓰여야 한다. 따라서 빈칸에는 수동 완료분사 Having been informed가 와야 한다.

해석 지난주에 회사 운영 절차의 변경 사항을 통지받은 직원들은 그에 따라 일정을 조정하느라 현재 혼란스러운 상태이다.

어휘 operational 운영상의 procedure 절차 confusion 혼란 adjust 조정하다 accordingly 그에 따라

[01 – 05] 밑줄 친 부분이 어법상 옳지 않으면 올바르게 고치시오.

01   Little <u>did most people realize</u> the true significance of continuing the negotiation.

02   The new regulation requests that <u>every</u> electric car companies voluntarily go through a battery inspection.

03   The politician's reputation was damaged after it was revealed that he <u>had laid</u> about his involvement in the scandal.

04   To decide between two activities — going to the theatre with John or <u>to attend</u> tonight's dinner-dance at the hotel — is difficult for me.

05   Wall paintings <u>were found</u> in the caves of Brazil provide convincing evidence that cave art developed in the Americas at an earlier time than on other continents.

01

정답 옳은 문장

해설 부정부사 little이 문두에 오면서 주어와 동사가 의문문의 어순으로 적절하게 도치되었다.

해석 대부분의 사람들이 그 협상을 계속하는 것의 진정한 의의를 거의 깨닫지 못했다.

어휘 significance 의의, 중요성 negotiation 협상

02

정답 every → all

해설 every는 부정형용사로 쓰일 때 단수 명사만 수식할 수 있는데 여기서는 뒤에 복수 명사인 electric car companies가 있으므로, every를 같은 의미를 지니면서 복수가산명사를 수식할 수 있는 부정형용사 all로 고쳐야 한다.

해석 새로운 규정은 모든 전기 자동차 회사가 자발적으로 배터리 검사를 거칠 것을 요구한다.

어휘 regulation 규제, 규정 voluntarily 자발적으로 go through ~을 거치다 inspection 검사

03

정답 had laid → had lied

해설 had laid는 '~을 놓다'라는 뜻을 지닌 타동사 lay의 과거완료시제인데 여기서는 맥락상 정치인이 '거짓말한' 것이므로, '거짓말하다'라는 뜻을 지닌 자동사 lie의 과거완료시제인 had lied가 쓰여야 한다.

해석 그 정치인이 추문에 연루된 것에 대해 거짓말을 한 사실이 드러난 후 그의 평판이 훼손되었다.

어휘 reputation 평판, 명성 reveal 드러내다 involvement 연루

04

정답 to attend → attending

해설 맥락상 to attend가 등위접속사 or로 함께 병렬되고 있는 대상은 동명사 going이므로, to attend를 동일한 급인 동명사 attending으로 고쳐야 한다.

해석 John과 함께 극장에 가거나 오늘 밤 호텔에서 열리는 만찬 파티에 참석하기라는 두 활동 사이에서 결정을 내리는 것은 내게 어렵다.

어휘 theatre 극장 attend 참석하다 dinner-dance 만찬 파티

05

정답 were found → found

해설 문맥상 문장의 본동사는 provide이므로 were found는 주어 Wall paintings를 수식하는 분사(준동사)가 되어야 한다. 이때 벽화들은 브라질 동굴에서 '발견한' 것이 아니라 '발견된' 것이므로 수동의 과거분사 found가 쓰여야 한다.

해석 브라질 동굴에서 발견된 벽화들은 동굴 예술이 다른 대륙들에서보다 아메리카 대륙에서 더 이른 시기에 발전했다는 설득력 있는 증거를 제공한다.

어휘 convincing 설득력 있는 continent 대륙

[06 – 08] 밑줄 친 부분 중 어법상 옳지 않은 것을 고르시오.

06

① <u>Investigating</u> the impact of workload on productivity, researchers observed that subjects who tackled an easier task first enjoyed ② <u>achieving</u> immediate satisfaction but ③ <u>were</u> less efficient in the long run, whereas those who began with a more difficult task tended to improve ④ <u>its</u> performance as time went on.

07

Ms. Kinsella heats up the pan and fries bacon and tomatoes ① <u>cut</u> in half, with the cut side down. She likes to cut things up, keep things ② <u>cleanly</u>, and name things clearly. She puts me in charge of the toast, lighting the grill and then ③ <u>explaining</u> how to turn the bread once one side is brown, as if this is something I am not ④ <u>familiar with</u>.

08

No one can escape from ① <u>being influenced</u> by advertisements. ② <u>Much</u> as we may pride ourselves on our good taste, we are no longer free to choose the things ③ <u>what</u> we want, as advertising has a subtle influence on us. In their efforts to persuade us ④ <u>to buy</u> this or that product, advertisers have made a close study of human nature and have classified all our little weaknesses.

06

정답 ④

해설 (its → their) 소유격 its가 가리키는 것은 맥락상 앞서 나온 복수 명사 those(subjects)이므로, 그에 수일치하여 복수인 their로 고쳐야 한다.

① 타동사로 쓰인 investigate 뒤에 명사구 목적어가 있으며, 분사구문의 의미상 주어인 researchers가 '조사한' 것이므로 능동의 현재분사는 적절하게 쓰였다.

② enjoy는 동명사를 목적어로 취하는 동사이므로 achieving은 적절하게 쓰였다.

③ 맥락상 등위접속사 but으로 enjoyed와 병렬된 동사 were의 주어는 주격 관계대명사 who의 선행사인 복수 명사 subjects이므로 수일치가 적절하게 되었다.

해석 연구자들은 작업량이 생산성에 미치는 영향을 조사하면서, 더 쉬운 작업을 먼저 착수한 피험자들은 즉각적인 만족감을 얻는 즐거움을 누리지만 장기적으로는 덜 효율적인 반면, 더 어려운 작업부터 시작한 피험자들은 시간이 지날수록 성과를 높이는 경향이 있음을 관찰했다.

어휘 investigate 조사하다 workload 작업량 productivity 생산성 subject 피험자 tackle 착수하다 immediate 즉각적인 satisfaction 만족감 efficient 효율적인 in the long run 장기적으로, 결국에는

07

정답 ②

해설 (cleanly → clean) 5형식 동사로 쓰인 keep은 부사를 목적격 보어로 취할 수 없으므로, cleanly를 형용사인 clean으로 고쳐야 한다.

① cut in half는 tomatoes를 수식하는 분사구인데, 토마토가 반으로 '잘린' 것이므로 수동의 과거분사 cut이 적절하게 쓰였다.

③ 타동사로 쓰인 explain 뒤에 목적어로 how가 이끄는 명사구가 있고 분사구문의 의미상 주어인 She가 '설명하는' 것이므로, 현재분사 explaining은 등위접속사 and로 lighting과 병렬 구조를 이루며 적절하게 쓰이고 있다.

④ something과 I 사이에 목적격 관계대명사가 생략되어 있어 전치사 with의 목적어 자리가 비어 있는 것은 적절하다.

해석 Kinsella 씨는 팬을 달구고 베이컨과 반으로 잘린 토마토를 잘린 면이 아래로 향하도록 볶는다. 그녀는 물건들을 잘게 자르고, 깔끔하게 유지하고, 명확하게 이름 부르는 것을 좋아한다. 그녀는 나에게 토스트를 맡기고, 그릴에 불을 붙인 다음 빵의 한 면이 갈색이 되면 그것을 뒤집는 방법을 마치 이것이 내가 익숙지 않은 일인 것처럼 설명해 준다.

어휘 heat sth up ~을 데우다 cut sth up ~을 조각조각[잘게] 자르다 name 이름을 부르다 put sb in charge of ~에게 ~을 맡기다 light 불을 붙이다 familiar with ~에 익숙한

08

정답 ③

해설 (what → that 또는 which) what은 선행사를 포함하는 관계대명사이므로 앞에 선행사가 있어서는 안 된다. 따라서 the things를 선행사로 받아, 관계사절 내 동사 want의 목적어 역할을 할 수 있는 목적격 관계대명사 that이나 which가 쓰여야 한다.

① 전치사 from의 목적어로 동명사가 오고 있는데, 타동사인 influence 뒤에 목적어가 없고 의미상으로도 사람이 광고에 의해 '영향을 받는' 것이므로, 수동형 동명사 being influenced는 적절하게 쓰였다.

② '형용사/부사/무관사명사 + as + S + V'는 '비록 ~이지만'을 의미하는 양보 도치 부사절이다. 여기서는 Much가 동사인 pride를 수식하는 부사로 적절하게 쓰였다.

④ persuade가 5형식 동사로 쓰이면 목적격 보어로 to 부정사를 취하므로 to buy는 적절하게 쓰였다.

해석 누구도 광고의 영향을 받는 것을 피할 수 없다. 우리는 우리의 높은 안목에 자부심을 많이 가지고 있지만 더 이상 우리가 원하는 것들을 자유롭게 고를 수 없는데, 광고가 우리에게 교묘하게 영향을 미치고 있기 때문이다. 이 제품 또는 저 제품을 사도록 우리를 설득하려는 노력으로, 광고주들은 인간의 본성을 면밀히 연구하고 우리의 모든 사소한 약점들을 분류해 왔다.

어휘 advertisement 광고 taste 안목, 취향 subtle 교묘한 persuade 설득하다 close 면밀한 nature 본성 classify 분류하다 weakness 약점

[09 – 10] 밑줄 친 부분에 들어갈 말로 가장 적절한 것을 고르시오.

09   The documentary that aired last weekend highlighted the challenges faced by neighborhoods amid the economic downturn _____ unemployment rates soared.

① whoever
② whether
③ which
④ when

10   By next June, our community center _____ 20 years of operation since its founding, a milestone that will be celebrated with a special event bringing together everyone who has contributed to its success.

① is reached
② have reached
③ will be reached
④ will have reached

09

정답 ④ when

해설 빈칸 앞에는 시간 명사 the economic downturn이 있고 뒤에는 완전한 절이 오고 있으므로, 빈칸에는 시간 명사를 선행사로 받으면서 완전한 절을 이끌 수 있는 관계부사 when이 와야 한다. 참고로 whoever와 which는 불완전한 절만 이끌 수 있으므로 부적절하며, '~이든 (아니든)'이라는 뜻의 접속사 whether를 사용하면 의미상 어색해진다.

해석 지난 주말에 방영된 그 다큐멘터리는 실업률이 치솟은 경기 침체 속에서 지역 주민들이 직면한 어려움을 강조했다.

어휘 air 방송되다 highlight 강조하다 neighborhood 이웃 사람들, 지역 주민 amid ~가운데에 downturn (경기) 침체 unemployment 실업 soar 치솟다

10

정답 ④ will have reached

해설 By next June이라는 표현으로 보아, 내년 6월이라는 특정 미래 시점을 기준으로 센터가 운영 20년에 도달한 상태의 완료를 나타내야 하며, 타동사로 쓰인 reach 뒤에 명사구 목적어 20 years of operation이 있으므로 능동형으로 쓰여야 한다. 따라서 빈칸에는 능동형 미래완료시제 will have reached가 와야 한다.

해석 내년 6월이면 우리 지역 문화 센터가 설립 이래 운영 20주년이라는 중대 시점에 다다른 것이 되는데, 이는 센터의 성공에 이바지한 모든 이들을 불러 모아 특별한 행사로 기념될 것이다.

어휘 operation 운영 founding 설립, 창립 milestone 중대 시점, 획기적인 사건 bring together ~을 불러 모으다 contribute to ~에 기여하다

[01 – 05] 밑줄 친 부분이 어법상 옳지 않으면 올바르게 고치시오.

01   I completely forgot <u>bringing</u> my camera to Portugal, so I couldn't take any photos.

02   If the employees fail to <u>account for</u> the missing funds, the company is likely to let them go.

03   The huge lecture hall was filled with a lot of students, one-third of <u>them</u> were boys and the rest were girls.

04   Celebrities frequently face a constant stream of requests from people <u>to borrow</u> them money or to do them other personal favors.

05   Clients will not be able to access the online banking system unless they <u>will verify</u> their identity by using the confirmation number issued by the bank.

01

정답 bringing → to bring

해설 'forget to RV'는 '~할 것을 잊다'라는 뜻이고, 'forget RVing'는 '~한 것을 잊다'라는 뜻인데, 맥락상 카메라를 '가져올' 것을 잊었다는 것이 자연스러우므로 bringing을 to bring으로 고쳐야 한다.

해석 나는 포르투갈에 카메라를 가져오는 것을 완전히 잊어버려서, 사진을 한 장도 찍지 못했다.

02

정답 옳은 문장

해설 account는 '~을 설명하다'라는 뜻을 나타낼 때 자동사로 쓰이므로 목적어를 취하기 위해 전치사 for를 함께 사용하고 있는 것은 적절하다.

해석 그 직원들이 없어진 자금을 설명하지 못한다면 회사가 그들을 해고할 가능성이 있다.

어휘 missing 없어진 let sb go ~을 해고하다

03

정답 them → whom

해설 콤마 앞뒤로 두 개의 문장이 오고 있는데 접속사가 없다. 따라서 절과 절을 연결하는 접속사 기능이 있고, 앞의 사람 선행사 a lot of students를 받는 동시에 전치사 of의 목적어 역할을 하는 목적격 관계대명사 whom이 필요하다.

해석 거대한 강당이 수많은 학생들로 가득 차 있었는데, 그들 중 3분의 1은 남학생이었고 나머지는 여학생이었다.

어휘 lecture hall 강당

04

정답 to borrow → to lend

해설 to borrow는 명사 requests를 수식하는 to 부정사의 형용사적 용법으로 쓰이고 있다. 이때 '빌리다'라는 뜻의 borrow는 3형식으로만 쓸 수 있는 동사인데, 여기서는 간접목적어(them)와 직접목적어(money)가 있는 4형식 구조를 띠고 있다. 또한 맥락상 to 부정사의 의미상 주어는 Celebrities이고 유명인들이 them(people)에게 '빌려줄' 것에 대한 요청이므로, borrow를 '빌려주다'라는 뜻의 4형식으로 쓸 수 있는 동사 lend로 고쳐야 한다.

해석 유명인들은 자주 돈을 빌려달라거나 다른 개인적인 호의를 베풀어 달라는 사람들의 끊임없는 요청에 직면한다.

어휘 celebrity 유명인 frequently 자주 constant 끊임없는 do sb a favor ~에게 호의를 베풀다

05

정답 will verify → verify

해설 unless가 이끄는 조건 부사절에서는 현재시제가 미래시제를 대신하므로 verify로 쓰여야 한다.

해석 고객들은 은행에서 발급한 확인 번호를 사용하여 신원을 확인하지 않으면 온라인 뱅킹 시스템에 접근할 수 없을 것이다.

어휘 verify 확인[입증]하다 identity 신원 confirmation 확인 issue 발급하다

[06 – 08] 밑줄 친 부분 중 어법상 옳지 않은 것을 고르시오.

06

Several companies are developing wearable sensors ① underline{designed} to appeal to a broader population; this summer, for example, the start-up Athos plans ② <u>to release</u> form-fitting sportswear, which is embedded with sensors that precisely ③ <u>shows</u> users ④ <u>which</u> muscles they are using.

07

In Silicon Valley, Adam, a man who looks ① <u>like a panda</u>, ② <u>recognizes</u> as a pioneer in programming and is taking network technology to new heights. He holds a patent, develops applications for NASA, and helps companies ③ <u>manage</u> information more systematically, thereby ④ <u>improving</u> operational processes across various industries.

08

Regardless of ① <u>what</u> motivates you, everyone has tasks they would rather ② <u>avoid</u>. How can you make progress in such situations? The first step is to understand that finding motivation rarely ③ <u>doesn't involve</u> feeling a specific emotion, such as excitement or anticipation. Instead, motivation comes from having reasons for action, and finding a personally meaningful reason can encourage you ④ <u>to act</u>, even if you don't feel excited.

06

정답 ③

해설 (shows → show) shows의 주어는 주격 관계대명사 that의 선행사인 복수 명사 sensors이므로, 그에 수일치하여 복수 동사 show가 되어야 한다.

① designed ~ population은 wearable sensors를 수식하는 분사구인데, 맥락상 센서가 '고안하는' 것이 아니라 '고안되는' 것이므로 수동의 과거분사가 쓰인 것은 적절하다.

② plan은 to 부정사를 목적어로 취하는 동사이므로 to release는 적절하게 썼다.

④ 의문형용사 which가 명사 muscles를 수식하여, 4형식 동사로 쓰인 show의 직접목적어 역할과 are using의 목적어 역할을 동시에 하고 있다.

해석 여러 기업들이 더 많은 사람의 관심을 끌기 위해 고안된 입을 수 있는 센서를 개발하고 있다. 예를 들어, 올여름 신생 기업 Athos는 사용자들에게 그들이 어떤 근육을 사용하고 있는지를 정확하게 보여 주는 센서가 장착된, 몸에 꼭 맞는 운동복을 출시할 계획이다.

어휘 wearable 입을 수 있는 appeal to ~의 관심을 끌다 release 출시하다 form-fitting 몸에 꼭 맞는 embedded 내장된, 장착된 precisely 정확히

07

정답 ②

해설 (recognizes → is recognized) recognizes는 등위접속사 and로 뒤의 is taking과 병렬되는 문장의 동사인데, 타동사인 recognize 뒤에 목적어가 없고 문장의 주어인 Adam이 선구자로 '인정받는' 것이므로 수동태인 is recognized로 쓰여야 한다.

① 2형식동사로 쓰인 look은 명사를 보어로 취할 때 전치사 like를 동반하므로 like a panda는 적절하게 썼다.

③ 준사역동사 help는 '(to) RV'를 목적격 보어로 취하므로 manage의 쓰임은 적절하다.

④ 타동사로 쓰인 improve 뒤에 목적어 operational processes가 있으며, 분사구문의 의미상 주어인 He가 운영 프로세스를 '개선한' 것이므로 능동의 현재분사는 적절하게 썼다.

해석 실리콘 밸리에서, 판다를 닮은 남자 Adam은 프로그래밍의 선구자로 인정받고 있으며 네트워크 기술을 새로운 단계로 발전시키고 있다. 그는 특허를 보유하고 있으며, NASA를 위한 응용 프로그램을 개발하고, 기업들이 정보를 더 체계적으로 관리하게 도움으로써, 다양한 산업 분야에 걸쳐 운영 프로세스를 개선한다.

어휘 recognize 인정하다 pioneer 선구자 heights (더 큰 성취를 이루는) 단계 patent 특허 application 응용 프로그램 manage 관리하다 systematically 체계적으로 operational 운영의

08

정답 ③

해설 (doesn't involve → involves) '거의 ~않다'라는 뜻의 부정부사 rarely가 쓰이고 있으므로, 부정어(not)를 또 사용하여 이중 부정이 되지 않도록 involves가 되어야 한다. 참고로 주어가 동명사인 finding이므로 단수 동사로 수일치한 것은 적절하다.

① 선행사를 포함한 의문대명사 what이 전치사구 Regardless of의 목적어 역할과 motivates의 주어 역할을 동시에 하고 있다.

② '~하는 것이 낫다'라는 뜻을 지닌 would rather는 구조동사이므로 뒤에 원형부정사 avoid가 온 것은 적절하며, tasks와 they 사이에 목적격 관계대명사가 생략되어 있기에 avoid 뒤의 목적어 자리가 비어 있는 것도 적절하다.

④ encourage가 5형식 동사로 사용되면 to 부정사를 목적격 보어로 취하므로 to act의 쓰임은 적절하다.

해석 당신에게 동기를 부여하는 것이 무엇이든 간에, 누구나 피하고 싶은 일들이 있다. 그런 상황에서 어떻게 진전을 이룰 수 있을 것인가? 첫 번째 단계는 동기를 찾는 것이 설렘이나 기대와 같은 특정 감정을 느끼는 것을 거의 수반하지 않는다는 사실을 이해하는 것이다. 대신, 동기는 행동에 대한 이유를 갖는 것에서 비롯되며, 개인적으로 의미 있는 이유를 찾는 것은 당신이 설렘을 느끼지 않더라도 행동하도록 조장할 수 있다.

어휘 regardless of ~에 상관없이 motivate 동기를 부여하다 make progress 진전을 이루다 specific 특정한 anticipation 기대 personally 개인적으로 meaningful 의미 있는 encourage 조장하다, 부추기다

[09 – 10] 밑줄 친 부분에 들어갈 말로 가장 적절한 것을 고르시오.

09 Call the company's customer service center at the number provided on the website _____ to an agent regarding the launch date of its new product line.

① speak
② speaks
③ spoken
④ to speak

10 With the supply chain disruptions effectively _____ through innovative logistics solutions, the organization successfully maintained its competitive edge in the global market.

① address
② addressed
③ to address
④ addressing

09

정답 ④ to speak

해설 동사원형인 Call로 시작되는 것으로 보아 명령문임을 알 수 있는데, 이미 본동사가 있으므로 빈칸은 준동사 자리이다. 이때 맥락상 상담원과 '이야기하기 위해' 전화를 거는 것이므로, 빈칸에는 목적을 나타내는 to 부정사의 부사적 용법인 to speak이 와야 한다.

해석 웹사이트에 제공된 번호로 고객 서비스 센터에 전화하여 새로운 제품 라인의 출시일에 대해 상담원과 상담하세요.

어휘 agent 대리인, 직원 regarding ~에 관하여 launch 출시

10

정답 ② addressed

해설 콤마 앞의 구가 전치사 With로 시작하고 있는 것으로 보아 빈칸에 완전한 절을 이루게 하는 동사는 올 수 없으며, 빈칸 앞에 부사 effectively가 있으므로 직접 수식이 불가한 to 부정사 또한 부적절하다. 즉, 부대 상황을 나타내는 'with + O + OC'의 분사구문이 사용되고 있음을 알 수 있는데, 빈칸 뒤에 목적어가 없으며 공급망 붕괴가 '해결된' 것이므로, 빈칸에는 수동의 과거분사 addressed가 와야 한다.

해석 혁신적인 물류 해결책을 통해 공급망 붕괴가 효과적으로 해결되면서, 그 조직은 세계 시장에서 경쟁 우위를 성공적으로 유지했다.

어휘 supply chain 공급망 disruption 붕괴 innovative 혁신적인 logistics 물류 maintain 유지하다 competitive 경쟁의 edge 우위 address 해결하다

[01 – 05] 밑줄 친 부분이 어법상 옳지 않으면 올바르게 고치시오.

01 The legal team was made <u>to revise</u> the contract terms to reflect recent legislative changes.

02 A bank clerk <u>said</u> his customer that there were several different kinds of checking accounts available.

03 Neither of my parents, who were born in Eastern Europe, <u>understand</u> the full implications of a democratic electoral system.

04 I was sitting in a restaurant quietly having a meal when suddenly a man nearby started to choke on a piece of food he <u>had swallowed</u>.

05 A study showed that based on 1970 homicide rates, a person in a large American city ran <u>a great risk</u> of being murdered than an American soldier in World War II.

01

정답 옳은 문장

해설 사역동사로 쓰인 make가 수동태로 전환되면 to 부정사를 보어로 취하므로 to revise의 쓰임은 적절하다.

해석 법무팀은 최근 법률 변경 사항을 반영하도록 계약 조건을 수정하게 되었다.

어휘 revise 수정하다 contract 계약 terms 조건 reflect 반영하다 legislative 입법상의, (입법부에 의해) 제정된

02

정답 said → said to 또는 told

해설 say는 4형식으로 쓸 수 없는 3형식 동사이므로 간접목적어 his customer 앞에 전치사 to를 쓰거나 that절을 직접목적어로 취할 수 있는 4형식 동사 told로 고쳐야 한다.

해석 은행원이 자신의 고객에게 여러 종류의 이용 가능한 당좌 예금이 있다고 말했다.

어휘 bank clerk 은행원 checking account 당좌 예금 available 이용 가능한

03

정답 understand → understands

해설 neither of 뒤에는 '복수 명사 + 단수 동사'가 와야 하므로 understand를 단수 동사 understands로 고쳐야 한다.

해석 동유럽에서 태어난 내 부모님 중 누구도 민주적인 선거 제도의 의미를 완전히 이해하지 못한다.

어휘 implication 의미, 영향 democratic 민주적인 electoral 선거의

04

정답 옳은 문장

해설 음식을 삼킨 시점이 숨이 막히기 시작한 시점보다 더 이전이므로 과거완료시제 had swallowed는 적절하게 쓰였다. 또한 food와 he 사이에는 목적격 관계대명사가 생략되어 있어, 타동사로 쓰인 swallowed 뒤 목적어 자리가 비어 있는 것도 적절하다.

해석 나는 식당에서 조용히 앉아 식사하고 있었는데, 갑자기 근처에 있던 한 남자가 자신이 삼켰던 음식 조각에 숨이 막히기 시작했다.

어휘 choke 숨이 막히다 swallow 삼키다

05

정답 a great risk → a greater risk

해설 뒤에 비교급 상관어구인 than이 있으므로 원급 형용사 great을 비교급인 greater로 고쳐야 한다.

해석 한 연구는 1970년의 살인 범죄율을 기준으로, 미국의 대도시에 사는 사람이 제2차 세계 대전 당시 미군보다 살해당할 위험이 더 컸다는 것을 보여 줬다.

어휘 homicide 살인 run a risk of ~의 위험이 있다 murder 살해하다

[06 - 08] 밑줄 친 부분 중 어법상 옳지 않은 것을 고르시오.

06

When ① sought assistance from people you know quite well, you should try to make the request ② politely. Conversely, if you find yourself in a circumstance that requires you to refuse a request, ③ how you handle it is crucial, as an inappropriate response can leave people feeling ④ upset or angry.

07

Medical advancements have not only extended life expectancy but also ① prolonged suffering. Euthanasia, the practice of assisting in the death of individuals ② suffering from incurable diseases, ③ remain controversial; countries such as the Netherlands have legalized it under strict regulations, whereas it ④ is banned in nations such as France.

08

With every statement I make, my meaning ① could be interpreted incorrectly. I may misspeak, use ambiguous words, or forget critical points. ② The longer my statement becomes, the greater the chance ③ which misinterpretation will confuse other points I am trying to make. I can reduce this risk by avoiding long lectures, breaking complex messages into smaller parts, and ④ allowing pauses so that each member of the audience can digest what he or she has heard.

06

정답 ①

해설 (sought → seeking) 타동사로 쓰인 seek 뒤에 목적어 assistance가 있고, 분사구문의 의미상 주어인 you가 도움을 '구하는' 것이므로 능동의 현재분사 seeking이 쓰여야 한다.
② 맥락상 '정중하게' 요청하는 것이므로 부사 politely가 동사구인 make the request를 수식하고 있는 것은 적절하다. 참고로 형용사를 목적격 보어로 취하는 5형식 동사 make와의 구별에 유의해야 한다.
③ 의문부사 how가 이끄는 간접의문문이 문장의 주어로 오고 있다. 이때 간접의문문은 '의문사 + S + V'의 어순을 취하므로, how you handle은 적절하게 쓰였다.
④ 2형식 동사로 쓰인 feel이 형용사인 upset와 angry를 보어로 취하고 있는 것은 적절하다.

해석 당신이 꽤 잘 아는 사람들에게 도움을 구할 때, 당신은 정중하게 요청하도록 노력해야 한다. 반대로, 당신이 요청을 거절해야 할 상황에 놓인 것을 알아차릴 경우엔 그것을 대처하는 법이 중요한데, 부적절한 대응은 사람들이 기분 상하거나 화나게 해버릴 수 있기 때문이다.

어휘 seek 구하다 assistance 도움 politely 정중하게 conversely 정반대로 circumstance 상황 refuse 거절하다 inappropriate 부적절한 upset 기분이 상한

07

정답 ③

해설 (remain → remains) 문장의 주어는 단수 명사인 Euthanasia이므로 동사도 그에 수일치하여 단수 동사인 remains가 되어야 한다. 참고로 콤마로 삽입된 the practice ~ diseases는 Euthanasia를 보충 설명하는 동격구이다.
① 'A뿐만 아니라 B도'라는 뜻의 'not only A but also B' 상관접속사 구문은 동일한 급의 대상을 병렬하므로, 앞의 동사 have extended와 동일하게 (have) prolonged가 병렬되고 있는 것은 적절하다.
② suffering ~ diseases는 individuals를 수식하는 분사구인데, 여기서 suffer가 '고통받다'라는 뜻의 자동사로 사용되어 능동의 현재분사는 적절하게 쓰였으며, 자동사 suffer는 목적어를 취할 때 전치사를 함께 사용해야 하므로 뒤에 from이 온 것도 적절하다.
④ 타동사인 ban 뒤에 목적어가 없으며, it이 가리키는 것은 Euthanasia이고 안락사가 '금지되는' 것이므로 수동태 is banned는 적절하게 쓰였다.

해석 의학의 발전은 평균 수명을 연장시켰을 뿐만 아니라 고통도 연장시켰다. 불치병으로 고통받는 사람들의 죽음을 돕는 관행인 안락사는 여전히 논란의 여지가 있으며, 네덜란드와 같은 국가에서는 엄격한 규정하에 안락사를 합법화한 반면 프랑스와 같은 국가에서는 그것이 금지되고 있다.

어휘 advancement 발전 extend 연장시키다 life expectancy 평균[기대] 수명 prolong 연장시키다 euthanasia 안락사 practice 관행 incurable 불치의 controversial 논란의 여지가 있는 legalize 합법화하다 strict 엄격한 ban 금지하다

08

정답 ③

해설 (which → that) 관계대명사 which 뒤에는 불완전한 절이 와야 하는데 여기서는 완전한 절이 오고 있다. 따라서 추상명사 the chance를 선행사로 받으면서, 뒤에 완전한 절을 취하는 동격 접속사 that이 쓰여야 한다.
① 맥락상 주어인 my meaning이 '해석하는' 것이 아니라 '해석되는' 것이므로 수동태 could be interpreted는 적절하게 쓰였다.
② 'the 비교급, the 비교급'은 '~하면 할수록 더 ~하다'라는 의미의 구문으로, The longer는 2형식 동사로 쓰인 become의 형용사 보어로 적절하게 쓰였다.
④ allowing이 등위접속사 and로 동명사 avoiding, breaking과 병렬 구조를 이루면서 전치사 by의 목적어 역할을 하고 있는 것은 적절하다.

해석 내가 하는 모든 말에서 내가 의미한 것이 잘못 해석될 수 있다. 내가 말을 잘못하거나, 모호한 단어를 사용하거나, 중요한 요점을 잊어버릴 수도 있다. 내 말이 길어질수록, 오해로 인해 내가 말하고자 하는 다른 요점이 혼동될 가능성이 더 커진다. 나는 긴 강의를 피하고, 복잡한 메시지를 더 작은 부분들로 쪼개고, 청중 각자가 자신이 들은 내용을 완전히 이해할 수 있도록 잠시 멈춤을 허용함으로써 이러한 위험을 줄일 수 있다.

어휘 statement 발언 interpret 해석하다 incorrectly 틀리게 misspeak 잘못 말하다 ambiguous 모호한 critical 중요한 chance 가능성 confuse 혼동시키다 lecture 강의, 설교 pause 멈춤, 휴지 digest 소화하다, 완전히 이해하다

[09 – 10] 밑줄 친 부분에 들어갈 말로 가장 적절한 것을 고르시오.

09   Many changes _____ on the peninsula since the historic summit between the leaders of the two Koreas one year ago.

① took place
② were taken place
③ have taken place
④ have been taken place

10   In the face of ongoing climate change data, environmental scientists cannot help _____ more aggressive measures to effectively mitigate the impacts of global warming.

① urge
② urged
③ urging
④ to urge

09

정답 ③ have taken place

해설 '~이래로'라는 뜻의 전치사 since가 쓰이고 있는 것으로 보아 동사는 현재완료시제로 쓰여야 하며, take place는 수동태로 쓸 수 없는 자동사이므로 빈칸에는 have taken place가 와야 한다. 참고로 one year ago는 since 전치사구 내의 시제를 나타내는 과거 시점 부사구이다.

해석 1년 전 남북 정상 간의 역사적인 정상 회담 이후 한반도에 많은 변화가 일어나고 있다.

어휘 peninsula 반도 summit 정상 회담

10

정답 ③ urging

해설 '~하지 않을 수 없다'라는 뜻을 나타내는 구문은 'cannot help RVing'이므로 빈칸에는 동명사 urging이 와야 한다. 같은 의미를 지닌 'cannot (help) but RV', 'have no choice but to RV'와의 구별에 유의해야 한다.

해석 지속적인 기후 변화 데이터에 직면하여, 환경 과학자들은 지구 온난화의 영향을 효과적으로 완화하기 위해 더 적극적인 조치를 촉구하지 않을 수가 없다.

어휘 in the face of ~에 직면하여 ongoing 계속 진행 중인 aggressive 공격적인, 대단히 적극적인 mitigate 완화하다 urge 촉구하다

Staff

Writer	심우철
Director	정규리
Researcher	한선영 / 장은영
Design	강현구
Manufacture	김승훈
Marketing	윤대규 / 한은지 / 유경철

발행일: 2025년 2월 7일 (4쇄)

내용문의: http://cafe.naver.com/shimson2000